Pierdomenico Baccalario / Tommaso Percivale

50 Abenteuer, die du erleben solltest, bis du 12 bist

ALLE ABENTEUER
AUF EIGENE
GEFAHR

© privat

© Elisa Musso

Pierdomenico Baccalario ist ein italienischer Bestseller-autor, seine Kinder- und Jugendbücher wurden in viele Sprachen übersetzt. Besonders erfolgreich war seine ›Ulysses Moore‹-Reihe. Dieses Handbuch hat er mit seinem Kollegen **Tommaso Percivale** geschrieben.

Mit vielen zweifarbigen Illustrationen von **AntonGionata Ferrari**, einem der bekanntesten italienischen Illustratoren.

Pierdomenico Baccalario / Tommaso Percivale

50 Abenteuer, die du erleben solltest, bis du 12 bist

Aus dem Italienischen von Sophia Marzolff
Mit Illustrationen von AntonGionata Ferrari

Dieses Buch gehört: _Anton Franke_

FOTO VOR BEGINN DER ABENTEUER:

Künstlername: _Antonia_

Spitzname: _Antolino_

Deckname: _____

4

In Abwesenheit des rechtmäßigen Besitzers ist die Lektüre dieses Buches jedem anderen **STRENGSTENS UNTERSAGT**.

AUSNAHMEN

Nur folgende Personen dürfen in diesem Buch herumschnüffeln:

1. *Mama*
2. *Lines*
3. *Papa*

Sollte das Buch durch einen unglücklichen Zufall in die Hände eines gemeinen Schurken geraten, bitte ich folgende Superhelden, es mir wiederzubeschaffen (und zu diesem Zweck dürfen auch sie darin lesen):

1. _____
2. _____
3. _____

Sollte ich das Buch bei einer meiner Expeditionen durch Stadt und Wald verlieren, möge der Finder mich bitte kontaktieren unter:

Telefon: _____

E-Mail: _____

Als Finderlohn verspreche ich ihm oder ihr einen leckeren Pausensnack und folgendes Geschenk:

_____

Meine Abenteuer habe ich begonnen am:
(Tag / Monat / Jahr)

03.04.2018

mit __9__ Jahren,

Das letzte Abenteuer habe ich bestanden am:
(Tag / Monat / Jahr)

Die Spielregeln für das Buch

aufgeregtes Herzklopfen. Dein keuchender Atem nach einem Wettrennen. Das Prickeln der Hitze auf deiner Haut. Der Flug einer Schwalbe. Die Schleimspur einer Schnecke. Der kleine Gruß einer Wolke. Oder eine Dose, die genau dorthin rollt, wo du sie haben wolltest.

Glaub uns, das sind echte Schätze!

Schatzsucher folgen schon immer nur einer einzigen Regel: Sie wollen Spaß haben!

Und deshalb ist, was du in den Händen hältst, auch kein Buch für Muffel und Miesmacher. Wann immer du es aufschlägst, kannst du einen unvergesslichen Tag erleben. Bist du bereit?

Auf diesen Seiten verbergen sich viele Schätze. Kostbare Dinge, die niemand dir stehlen kann, die für immer dir gehören, wenn du sie einmal entdeckt hast. Auf den ersten Blick erscheinen sie dir vielleicht klein, unbedeutend oder sogar nutzlos, denn ihr Wert lässt sich nicht gleich ermessen. Doch mit der Zeit werden diese Kostbarkeiten für dich funkeln wie Diamanten im Sonnenlicht. Was sind das für Schätze? Dein

Hier kommen die Spielregeln dieses Buches:

1. Trage das Buch immer bei dir, denn jeder Moment könnte für ein Abenteuer gut sein.

2. Halte dich genau an diese Regeln.

3. Wenn sie dir nicht gefallen, dann streiche sie durch und denke dir neue aus. Aber die musst du dann wirklich befolgen!

4. Lege mit den Abenteuern erst los, wenn du den Vertrag hier auf der rechten Seite unterschrieben hast.

5. Du darfst auf jede Seite dieses Buches schreiben, malen oder kritzeln. Auch auf den Umschlag.

6. Du darfst das Buch beschädigen. Du darfst es während deiner Abenteuer schmutzig oder nass machen, zerreißen, zerbeißen oder verbrennen. Du darfst Fotos, Zettel, Blätter, Federn oder was auch immer hineinstecken. Das Buch ist dazu da, alle Herausforderungen gemeinsam mit dir zu meistern.

7. Ab sofort darfst du nur noch auf einem Bein hüpfen.

8. Regel Nr. 7 gilt nicht mehr.

9. Erlebe so viele Abenteuer wie möglich!

10. Vergib für jedes deiner Abenteuer Noten zwischen 1 und 10. Wie spannend fandest du es? Wie viel hast du gelernt? Wie viel Spaß hattest du? Wenn du alle Punkte zusammenzählst, erhältst du den Wert, den das Erlebnis für dich hatte.

11. Falls ein bestimmtes Abenteuer die Teilnahme eines Erwachsenen erfordert, dann unternimm es auch nur, wenn ein Erwachsener dabei ist. Sonst gilt es nicht.

12. Es gibt keine Regel Nr. 13, weil das eine Unglückszahl ist.

13.

14. Am meisten Spaß macht alles, wenn mindestens ein Freund dabei ist!

ABENTEURER-VERTRAG

(IM BEISEIN VON MINDESTENS ZWEI ZEUGEN VORZULESEN UND
DANN NOCH EINMAL VOR DEM SPIEGEL)

Ich (Unterschrift mit Vor- und Nachnamen)

_____,

nehme, im Vollbesitz meiner körperlichen und geistigen Kräfte,
die Herausforderung an, ein Abenteurer/eine Abenteurerin (Zutreffendes
bitte unterstreichen) zu werden, und erkläre daher Folgendes:

Ich verspreche feierlich, mein Bestes zu geben, um die bevorstehenden
Abenteuer zu bewältigen.
Ich verspreche feierlich, dabei ordentlich Spaß zu haben und mich zu
diesem Zweck dreckig zu machen, vielleicht sogar blaue Flecken und
Schrammen davonzutragen, ohne darüber zu jammern, denn das gehört
zu einem Abenteuer dazu.
Ich verspreche feierlich, alle Freundinnen und Freunde mitmachen zu
lassen, die Lust dazu haben.
Ich verspreche feierlich, mich an die Spielregeln dieses Buches zu halten.
Hochachtungsvoll,

_____
UNTERSCHRIFT UND DATUM

Was du unbedingt brauchst

Ein Abenteuer ist kein Spazier-gang – jeder Abenteurer weiß das und trägt deshalb immer die richtige Ausrüstung bei sich. Das sind nur wenige Gegenstände, die nicht viel kosten. Du solltest sie aber sorgfältig auswählen.

Folgende Dinge sollten niemals in deinen Abenteurertaschen fehlen:

Schnur: eine, mit der man Pake-te verschnürt oder auch Roula-den. Etwa ein Meter Schnur dürf-te reichen. Erfahrene Abenteurer verwenden Bergsteigerseile (die gibt es in verschiedenen Farben und Stärken) oder Fallschirmlei-nen aus Kunststoff, die bis zu 250 kg Gewicht aushalten. Wenn du ein bisschen Geld gespart hast,

kannst du dir sogenanntes Para-cord kaufen, das man in großen Sportgeschäften oder im Jagd- und Angelbedarf findet.

Bleistift: irgendeinen – Hauptsa-che, gespitzt. Auch wischfeste Filz-stifte sind möglich. Du musst die Stifte nur regelmäßig kontrollieren, damit sie nicht stumpf sind, wenn du sie gerade brauchst. Wenn du auf Asphalt oder Beton Linien ziehen musst (zum Beispiel beim Murmelwettschießen), kannst du auch einen spitzen Stein verwen-den, den du vor Ort findest. An abenteuerlichen Orten liegen näm-lich immer irgendwo Steine herum.

Feuerzeug oder Streichholzschachtel: Feuer ist eines der nützlichsten Dinge überhaupt. Lerne den richtigen Umgang damit und habe immer Respekt davor. Du brauchst etwas Feuer, um das Ende deiner Kunststoffseile anzusengen, damit es nicht ausfranst. Statt eines Feuerzeugs kannst du auch Streichhölzer nehmen, die du in jedem Supermarkt findest.

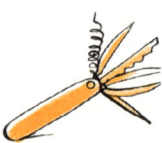

Schweizer Messer: Nachdem die Urmenschen gelernt hatten, das Feuer zu beherrschen, brauchten sie etwas zum Schneiden. Aus Felssplittern stellten sie Speerspitzen und Werkzeug her. Heute ist so ein Aufwand nicht mehr nötig – du kannst ein kleines Allzweckmesser kaufen, das auch einen Flaschenöffner, Pinzetten und andere nützliche Werkzeuge enthält. Ein einfaches Modell kostet weniger als zehn Euro und ist im Supermarkt oder im Baumarkt erhältlich.

Lupe: Was Sherlock Holmes verwendet, brauchen wir auch! Damit kann man nicht nur vergrößern, sondern auch ein Feuer entfachen (was allerdings schwieriger ist, als man denkt). Lupen bekommt man bei einem Optiker. Aber bevor du eine kaufst, schau erst einmal nach, ob bei dir zu Hause oder bei deinen Großeltern nicht schon eine herumliegt.

Bonbons: wichtige Zuckerreserve, die bei schwierigen Unternehmungen lebensnotwendig ist. Halte dich an die uralte Regel, Süßes vor den Erwachsenen zu verbergen. Ist auch bei vielen anderen Dingen sinnvoll.

Klebeband: egal welche Sorte. Das dünne, durchsichtige, das man in der Schule verwendet, reißt allerdings leicht. Besser ist Isolierband, das hitzebeständig und leicht elastisch ist. Du kannst etwas Klebeband um deinen Bleistift wickeln, sodass du jederzeit ein Stück parat hast, ohne gleich eine ganze Rolle mitnehmen zu müssen.

Taschenlampe: um im Dunkeln oder in der Dämmerung zu sehen. Denke an Reservebatterien!

Uhr: idealerweise eine solarbetriebene oder eine Automatikuhr. Vor allem sollte sie stoßfest sein.

Handy: Eigentlich mögen Abenteurer keine Mobiltelefone, da sie nicht gerne geortet werden wollen. Aber natürlich können Handys manchmal auch nützlich sein, besonders Smartphones mit Apps. Wenn du also unbedingt ein Handy dabeihaben willst, dann lade dir diese Apps herunter:

Leafsnap
(hilft dir, Bäume an ihrem Laub zu erkennen)

Sky Map
(zum Erkennen von Sternen)

Geocaching
(damit kannst du in deiner nächsten Umgebung auf Schatzsuche gehen)

Tiny Flashlight
(verwandelt dein Handy in eine Taschenlampe)

Weniger wichtige, aber ebenfalls nützliche Dinge:

Würfel: zum Auslosen

Aber das Wichtigste,
was du immer dabeihaben
solltest, ist natürlich
dieses Buch.

Murmeln: Damit kannst du überall spielen, wo genug Platz ist. Außerdem ist es eine uralte Beschäf-
tigung, und Abenteurer lieben
uralte Sachen!

Ein kleines Notizheft: um darin einzutragen, was dir unterwegs
alles einfällt.

Die 50 Abenteuer

MINDESTENS SIEBEN VERSCHIEDENE TIERE FÜTTERN

Tiere freuen sich eigentlich immer über Futter, Hauptsache, es schmeckt ihnen. Die Schwierigkeit bei diesem Abenteuer liegt also weniger im Füttern selbst als darin, erst einmal Tiere zu finden! Und wenn es Wildtiere sind – sich nicht beißen zu lassen.

Hunde und Katzen gibt es überall, aber weißt du, wo du ein Kaninchen findest? Oder ein Pferd? Wirklich?

Na gut, wenn du eine echte Herausforderung suchst, dann spüre ein Eichhörnchen, einen Fuchs, einen Dachs oder ein Reh auf. Wildtiere sind sehr scheu, und es erfordert viel Mühe, ihr Vertrauen zu gewinnen. Aber wenn es gelingt, ist es eine großartige Sache. Verhalte dich vorsichtig bei Tieren, die Kontakt mit Menschen nicht gewohnt sind. Ein hungriges Wildtier, das normalerweise nicht gefüttert wird, könnte dir nämlich in die Hand beißen statt in die Nahrung, die du ihm hinhältst.

Wenn du in einem Wald bist, sor-

17

ge für deine Sicherheit. Achte genau auf die Signale, die das Tier dir sendet, und schaue ihm immer in die Augen. Wenn es sich misstrauisch zurückzieht, folge ihm nicht, sondern wirf das Futter auf den Boden, zuerst in seine Nähe, und wenn es sich darauf einlässt, allmählich etwas näher zu dir hin.

Achte auch auf die richtige Wahl des Futters. Es ist unsinnig, einem Hund ein Grasbüschel anzubieten oder einem Reh ein Stück Fleisch. Beide würden dich wohl für das dümmste Tier halten, dem sie je begegnet sind. Lerne also, zwischen Fleischfressern und Pflanzenfressern zu unterscheiden. Fleisch fressen nicht nur Löwen und Tiger, sondern auch Füchse, Eulen und Dachse. Kaninchen sind Pflanzen-

fresser, Mäuse dagegen Allesfresser wie wir Menschen.

Es ist auch gefährlich, etwas zu füttern, was wir selbst gerne essen, für das Tier aber giftig sein könnte. Haustieren zum Beispiel sollte man nie Brot, Nudeln oder Süßigkeiten geben. Schokolade, Trauben und Rosinen sind äußerst schädlich für Hunde und Katzen, und Milch wirkt bei Igeln wie Gift.

Bevor du ein Tier fütterst, informiere dich also genau darüber, ob es auch das richtige Futter ist.

✔ ABENTEUER BESTANDEN!

Diese Tiere habe ich gefüttert:

1.
2.
3.
4.
5.
6.
7.

 Bewertung des Abenteuers
(Vergib Noten von 1 bis 10)

Spannung:. . . . .
Originalität: . . . .
Schwierigkeitsgrad: . . .
Lernfaktor: . . . .
Spaß:. . . . .

 **Was wirst du in
Erinnerung behalten?**

Das herzerwärmende Gefühl, ein anderes Wesen zu füttern; die scheuen Blicke, die flüchtige Berührung einer Schnauze, das zufriedene Schmatzen, die Gerüche und die neu geschlossenen Freundschaften.

 Buchtipp: *Julie von den Wölfen* von Jean Craighead George.

AUF INLINERN UND SKATEBOARDS
KUNSTSTÜCKE VOLLFÜHREN

Der Wind, der dir um dir Ohren pfeift, dein zerzaustes Haar, die Straße, die unter dir wegsurrt – das alles nimmst du wahr, wenn du auf dem Fahrrad unterwegs bist und hoch oben auf deinem Sattel sitzt.

Doch was ist, wenn du selbst das Gefährt bist und nur deine Muskeln und deine Körperhaltung für das Gleichgewicht sorgen? Wenn die Räder nicht vor und hinter dir rollen, sondern direkt unter deinen Füßen? Verspürst du dann das Gleiche oder etwas ganz anderes? Hast du Angst oder nicht?

Handkarren, Fahrräder, Autos und sogar Flugzeuge benutzen Räder, um Personen und Dinge zu transportieren. Räder können einem aber auch das Gefühl geben, ganz ohne Flügel zu fliegen, auf den

Straßen und Gehwegen der Stadt hin und her zu flitzen.

Magst du es mit Inlineskates probieren oder mit einem Skateboard? Was immer du wählst, mach dich auf Stürze gefasst, auf aufgeschürfte Knie und zerrissene Klamotten. Jeder fällt früher oder später einmal hin, das gehört einfach dazu. Hab keine Angst: Besorge dir einen Helm, Knie- und Handgelenkschützer und versuche dich immer wieder aufzurappeln. Aber ganz ohne blaue Flecken geht es sicher nicht.

und Anfängerkurse belegen. Wenn du dich schon etwas sicherer auf den Rollen bewegst, kriegst du bestimmt Lust, schwierigere Tricks auszuprobieren und deine Geschicklichkeit zu testen. In manchen Städten gibt es Skateparks mit speziellen Hindernissen. Man kann dort auch mit BMX-Rädern und Mountainbikes fahren, aber die coolsten und flippigsten Nutzer sind eindeutig die Skater. Das bekannteste Skater-Gelände ist die Halfpipe, eine halbierte Röhre, in der man hin- und hersausen und Schwung für Kunststücke holen kann. Vielleicht hast du ja Lust darauf?

Bei schlechtem Wetter sind Skatehallen zu empfehlen. Dort gibt es einen extraglatten Boden und du kannst perfekt üben. Man kann dort auch Inlineskates ausleihen

 # ABENTEUER BESTANDEN!

Klebe hier ein Pflaster ein, das du bei
diesem Abenteuer gebraucht hast – als Beweis für
deine heldenhaften Verletzungen.

 Bewertung des Abenteuers:
(Vergib Noten von 1 bis 10)

Spannung:. . . . .

Originalität: . . . .

Schwierigkeitsgrad: . . .

Lernfaktor: . . . .

Spaß:. . . . .

**Was wirst du in
Erinnerung behalten?**

Das Tempo, dein Adrenalin. Wie dir
hoch über dem Hindernis das Herz in
die Hose gerutscht ist. Das harte He-
runterfallen. Das Glücksgefühl, nach
dem Fallen immer wieder aufstehen
zu können.

 Buchtipp: *Die drei ??? – Skateboardfieber* von Ben Nevis

KICKEN IM FREIEN

Woran liegt es wohl, dass Fußball so beliebt ist? Am vielen Laufen, an der Bewegung, an der Tatsache, dass man immer und überall spielen kann, mit Jungs oder Mädchen, draußen oder drinnen? Vielleicht liegt es auch an den einfachen Regeln, am Gemeinschaftsgefühl und dass vor lauter Spaß am Sport der Wettbewerb in den Hintergrund gerät? Wahrscheinlich ist es all das zusammen und noch viel mehr. Fußball ist ein unkomplizierter Sport, für den man nur einen Ball braucht (der aus allem Möglichen bestehen kann, ob aus Leder oder einem Knäuel alter Socken) und natürlich ... Füße.

Müssen wir dir erklären, wie man Fußball spielt? Also gut: Du musst den Ball am Torwart vorbei ins Tor kriegen. Der Torwart ist der einzige Spieler, der den Ball mit den Händen berühren darf, aber nur in der Torzone. Ziele gut, wenn du schießt! Du darfst jeden Körperteil außer Arme und Hände benutzen.

Sieger ist, wer die meisten Tore schießt.

Allein mit dem Ball herumzudribbeln ist eine halbe Sache – hol dir ein paar Freunde dazu (mindestens zwei, und mit mehreren macht es noch mehr Spaß) und sucht euch ein freies Gelände auf einem Hinterhof oder in einem Park. Gras auf dem Spielfeld schützt zwar vor größeren Verletzungen, wenn ihr hinfallt, aber es geht auch ohne.

Wie du ein vorschriftsmäßiges Tor errichtest

Die Grenzen des Spielfelds zu markieren ist nicht so wichtig, aber ohne ein klar erkennbares Tor kann man nicht Fußball spielen! Wenn du nichts anderes bei dir hast, können zwei Rucksäcke oder zwei zusammengerollte Jacken die Torpfosten ersetzen. Besser sind jedoch zwei Holzpflöcke, die du in die Erde steckst. Und wenn du es richtig gut machen möchtest, musst du noch eine Querlatte darüber anbringen – was nicht ganz leicht ist, schließlich kannst du nicht einfach einen Stock auf die beiden Pflöcke legen. Er würde beim ersten Treffer auf deinem Kopf landen. Du musst es also anders anfangen.

Schauen wir uns zuerst die Maße an: Ein regelgerechtes Fußballtor ist 7,32 m breit und 2,44 m hoch. Diese Maße gelten allerdings für Erwachsene, für wuchtige Zweimeterkerle mit ultrabreiten Schultern. Für dich genügt es, wenn dein Tor fünf Schritte breit ist und etwas höher, als du auf Zehenspitzen mit den Fingern reichen kannst. Alles klar?

Jetzt musst du dir drei Pfosten suchen: zwei etwas kürzere zum In-den-Boden-Stecken – am besten Äste, die oben wie ein Ypsilon gespalten sind – und einen längeren, den du waagerecht über die beiden anderen legst. Befestige diese Querlatte gut mit einer Schnur an den senkrechten Pfosten. Und jetzt – Anpfiff!

ABENTEUER BESTANDEN!

Liste hier die Spielernamen der beiden
Mannschaften sowie die Spielergebnisse auf:

Bewertung des Abenteuers:
(Vergib Noten von 1 bis 10)

 Was wirst du in
Erinnerung behalten?

Spannung:.........

Originalität: ....

Schwierigkeitsgrad: ...

Lernfaktor:.........

Spaß:.............

Die Anstrengung, die brennenden Muskeln; die wilde Entschlossenheit, ein Tor zu schießen. Das Gefühl, Teil eines Teams zu sein; das Schulterklopfen unter den Mannschaftskameraden und -kameradinnen. Die Lust auf Revanche, wenn du verlierst; Spiele, die haarscharf gewonnen wurden; die Anfeuerungsrufe.

 Buchtipp: *Die Wilden Fußballkerle* von Joachim Masannek

FÜNF KNOTEN LERNEN

Schnüre und Seile kann man zusammenbinden, festhalten, ziehen oder zum Heben, Befestigen und Transportieren verwenden. Ohne Seile und Taue wäre kein Schiff komplett, Holzstege würden zusammenbrechen, es gäbe keine Fischernetze, und Gefangene würden schnell ausbüxen.

Die Herstellung und Verwendung von Seilen folgt einer alten Tradition. Schon die Urzeitmenschen begriffen, dass Dinge festzubinden fürs Überleben genauso wichtig ist wie die Nahrungssuche, der Schlaf und die Verteidigung. Lernt man, mit einem Seil umzugehen, kann man in vielen schwierigen Situationen gut zurechtkommen.

Es gibt zahlreiche unterschiedliche Knoten, um Seile miteinander zu verbinden, und jeder von ihnen dient einem speziellen Zweck. Hier kommen fünf ganz einfache und praktische Knoten, die du für vieles verwenden kannst. Lerne sie alle fünf!

1) Der einfache Knoten: Er kommt sehr häufig vor. Mit ihm sichert man zum Beispiel einen Faden im Nadelöhr. Auch um ein Kletterseil herzustellen, kann man ihn verwenden. Man bindet jeden halben Meter einen Knoten ins Seil, an dem man dann hochklettern kann.

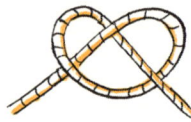

2) Der Achterknoten: Er ist eine erweiterte Version des einfachen Knotens.

3) Der Webeleinstek: Mit ihm bindet man ein Seil an einen Poller. Er hat den Vorteil, dass man ihn leicht wieder lösen kann, wenn das Seil nicht gestrafft ist.

4) Der Palstek: Man verwendet ihn, um ein Seil zu einer festen Schlinge zu knüpfen. Er hält große Belastungen aus, weshalb man ihn auch bei Rettungsaktionen verwendet.

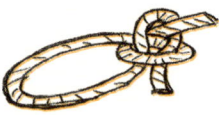

5) Der Slipstek: Diesen Knoten kann man festzurren, wenn man am Ende des Seils zieht.

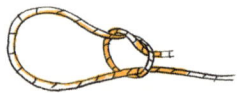

Besorge dir ein Stück Schnur oder einen Nylonfaden und übe so lange, diese Knoten zu binden und wieder zu lösen, bis du es mit geschlossenen Augen beherrschst.
Genauere Anleitungen findest du zum Beispiel im Internet unter www.knoten-lexikon.de

 **ABENTEUER BESTANDEN!**

Schneide ein Stückchen von der Schnur,
die du verwendet hast, ab und klebe es hierhin.

🏆 **Bewertung des Abenteuers:**
(Vergib Noten von 1 bis 10)

Spannung:. . . . .

Originalität: . . . .

Schwierigkeitsgrad: . . .

Lernfaktor:. . . . .

Spaß:. . . . .

🖼 **Was wirst du in
Erinnerung behalten?**

Die Konzentration und die Freude,
wenn ein schwieriger Knoten gelingt; das Herumprobieren, die raue
Oberfläche der Schnur oder des
Seils an deinen Fingerkuppen.

 Buchtipp: *Moby Dick* von Herman Melville

EINEN DRACHEN STEIGEN LASSEN

Schon immer wünschten sich die Menschen, fliegen zu können. Einfach abzuheben und in schwindelerregender Höhe zu schweben ...

Jahrtausendelang haben sie zum Himmel aufgeblickt und die Vögel mit ihrem leichten Gefieder bewundert (und beneidet) – ihr anmutiges Emporschwingen und ihre Fähigkeit, die Welt hinter sich zu lassen, um hoch oben eine neue zu entdecken, wo der Wind am stärksten weht.

Alte Mythen und Legenden erzählen von dieser Sehnsucht. Doch bis zur Erfindung des Flugzeugs durch die Brüder Wright im Jahr 1903 blieb das Fliegen nur ein schöner Traum.

Fast so alt wie dieser Traum ist auch die Tradition, Drachen steigen zu lassen, um dieses Schwebegefühl einmal spielerisch und sicher mitzuerleben. Hast du Lust dazu? Du kennst sicher den rautenförmigen Drachen, den man leicht selbst basteln kann, aber es gibt alle möglichen Modelle, darunter auch welche, die nicht viel Geld kosten. Wähle den richtigen für dich aus und suche einen geeigneten Ort, um ihn steigen zu lassen. Entscheidend ist: Es muss Wind geben! Du kannst es auf einer großen Wiese, an einem Flussufer oder Strand ausprobieren, oder auf einer Anhöhe mit einem weiten Ausblick.

Damit der Drachen abheben kann, musst du die Schnur von der Spule abrollen lassen, während du losläufst. Ziehe den Drachen hinter dir her, bis er in die Luft steigt!

 ABENTEUER BESTANDEN!

 Bewertung des Abenteuers: (Vergib Noten von 1 bis 10)

Spannung:. . . . .
Originalität: . . . .
Schwierigkeitsgrad: . . .
Lernfaktor: . . . .
Spaß:. . . . .

 Was wirst du in Erinnerung behalten?

Den kräftig wehenden Wind, das Kuddelmuddel mit der Schnur, die faszinierende Vorstellung, dort oben auf dem Drachen zu sitzen und frei wie ein Vogel zu sein.

 Buchtipp: *Die Möwe Jonathan von Richard Bach*

ZEHN WOLKENFIGUREN ENTDECKEN

Wolken sind ein faszinie-rendes Wetterphänomen. Der Wind modelliert sie zu den verschiedensten Formen und Fi-guren, die nur darauf warten, von jemandem entdeckt zu werden. Es macht Spaß, in ihnen lauter ver-rückte Dinge zu erkennen, und sagt viel über unseren Charakter und unsere Träume aus.

Für dieses Abenteuer legst du dich irgendwo im Freien rück-lings hin (am besten auf eine Wiese, denn weiches Gras gibt eine schöne Einstimmung). Dann schaust du einfach hinauf in die Luft. Wie sehen die Wolken über dir aus? Ist das hier eine Rakete? Und das dort ein Fisch mit Bart? Oder vielleicht das Gesicht von Onkel Jürgen?

Entdecke mindestens zehn Figu-ren – je verrückter, desto besser!

 **ABENTEUER BESTANDEN!**

Zeichne hier die ulkigsten Formen, die du entdeckt hast (mindestens drei):

 Bewertung des Abenteuers:
(Vergib Noten von 1 bis 10)

Spannung:. . . . .

Originalität: . . . .

Schwierigkeitsgrad: . . .

Lernfaktor: . . . .

Spaß:. . . . .

Was wirst du in Erinnerung behalten?

Den unendlichen Himmel über dir, das kitzelnde Gras im Nacken, das Gefühl von Sonne auf der Haut. Deine Verwirrung, nachdem du so lange in den Himmel geguckt hast und mit deinen Gedanken erst wieder auf der Erde ankommen musst.

 Buchtipp: *Die unendliche Geschichte* von Michael Ende

EINE SCHATZSUCHE ORGANISIEREN

An einer Schatzsuche teilzunehmen macht Spaß. Aber selbst eine zu veranstalten ist fast noch schöner! Um sich geheime Zeichen oder ein Rätsel auszudenken, braucht man nämlich mindestens genauso viel Grips, wie um sie zu entschlüsseln.

Eine Schatzsuche enthält eine Reihe von Hinweisen, die alle auf das Versteck von etwas Wunderbarem (eben dem Schatz) deuten. Diese Hinweise dürfen nicht zu schnell auffindbar und auch nicht zu einfach sein – die Teilnehmer sollten schon etwas zu knobeln haben. Aber am Ende wird der Schatz doch zu finden sein.

Der Spielort für eine Schatzsuche ist zwar wichtig, aber nicht allzu sehr: Eine mittelalterliche Burg ist natürlich eindrucksvoller als ein Supermarktparkplatz, doch mit ein bisschen Fantasie kannst du auch aus einem ganz gewöhnlichen Ort etwas Spannendes machen. Entscheidend ist, dass du den Ort selbst gut kennst, dann kannst du all seine Vorteile nutzen, um deine Freunde ordentlich zu verwirren.

Die Hinweise gibst du am besten in schriftlicher Form. Dafür eignen sich besonders gut Rätsel oder Reime.

Hier zwei Beispiele:

- »*Der nächste Hinweis befindet sich dort, wo man mit den Händen über die Meere fährt.*« – Das bedeutet: in einem Atlas oder auf einer Landkarte (die irgendwo aufgehängt ist oder sichtbar herumliegt).
- »*Das einzige Haus, das keine Türen hat*« ... ist ein hohler Baumstamm in der Nähe, in dem Eichhörnchen wohnen.

Und so fängst du an:

Nimm fünf Zettel und fünf Umschläge und nummeriere sie von 1 bis 5. Dann überlege dir einen geeigneten Ort, wo du deinen Schatz verstecken willst. Es sollte eine leicht zu erreichende Stelle sein, die ganz unbedeutend aus-

sieht. Vielleicht unter dem Bett? Dann formuliere es zum Beispiel so: »dort, wo Monster lauern«. Beschreibe den Ort also möglichst vage und geheimnisvoll auf dem Zettel Nr. 5 und stecke den Zettel dann in den passenden Umschlag, den du zuklebst. Jetzt suchst du eine Stelle, wo du diesen Umschlag verstecken kannst. Die Hinweise sollten nicht zu nah beieinander versteckt werden – die Schatzsucher sollen ruhig ein wenig laufen müssen!

Wenn du für den Hinweis ein passendes Versteck gefunden hast, beschreibe diese Stelle ebenso rätselhaft auf Zettel Nr. 4, und dann immer so weiter, bis du schließlich den Umschlag Nr. 1 zugeklebt hast, den du den Teilnehmern als Erstes in die Hand drückst. Die Schatzsucher müssen die Hinweise dann einen nach dem anderen finden und enträtseln, bis sie schließlich auf den Schatz stoßen.

Je mehr Mühe du dir bei der Vorbereitung gibst, desto mehr Spaß macht es allen!

Der Schatz

Der Inhalt des Schatzes ist eigentlich gar nicht so wichtig. Das Entscheidende bei einer Schatzsuche ist – die Suche! Trotzdem: Wenn du am Ende nicht irgendetwas Besonderes bietest, werden deine Freunde enttäuscht sein .

Wie wäre es also hiermit: Ihr könntet als Preis ein Computer- oder ein Gesellschaftsspiel gemeinsam spielen. Oder du opferst ihnen eine deiner Süßigkeiten. Vor allem aber: Schenke den Siegern etwas Schriftliches – eine Art Urkunde, die du extra für sie ausgestellt hast und die sie zur Erinnerung aufbewahren können. Das wird der wertvollste Schatz sein!

 # ABENTEUER BESTANDEN!

Klebe hier (schön zusammengefaltet) den Hinweis ein, der deinen Freunden das meiste Kopfzerbrechen bereitet hat.

Bewertung des Abenteuers:
(Vergib Noten von 1 bis 10)

Spannung:. . . . .
Originalität: . . . .
Schwierigkeitsgrad: . . .
Lernfaktor:. . . . .
Spaß:. . . . .

Was wirst du in Erinnerung behalten?

Wie du dir das Hirn zermartert hast, um dir die witzigsten Rätsel auszudenken, und wie deine Freunde dann herumgeknobelt haben, um auf eine Lösung zu kommen. Wie du ständig kurz davor warst, ihnen Tipps zu geben. Wie euch das gemeinsame Erlebnis Spaß gemacht hat.

 Buchtipp: Die Schatzinsel von Robert Louis Stevenson.

EINE RIESENSEIFENBLASE MACHEN

S tell dir etwas vor, was es gibt und doch nicht gibt, was einen Körper hat, aber kein Gewicht, was geschlossen ist und durchsichtig, was keine Farbe hat und doch bunt ist, was zerbrechlich und zart ist und dennoch weit herumkommen kann ...

Genau, es geht um eine Seifenblase. Seifenblasen sind etwas Zauberhaftes. Und wenn du schon öfter kleine Blasen hinbekommen hast – dann versuch dich einmal an einer richtig großen! Das ist gar nicht so leicht.

Bei diesem Abenteuer geht es nämlich um megagroße Riesenseifenblasen. So riesig, dass du in sie hineinsteigen könntest.

Hier kommt das Geheimrezept für Riesenseifenblasen:

- ein Glas Geschirrspülmittel
- ein halbes Glas Wasser
- ein drittes Glas mit flüssigem

Glyzerin (das bekommst du in der Apotheke)
• zwei Teelöffel Puderzucker

Vermische alles in einem Eimer. Rühre ganz vorsichtig um, damit du nicht zu viel Schaum produzierst.
Verschließe dann den Eimer mit einem Deckel und lass die Flüssigkeit ein oder zwei Tage lang stehen.

Jetzt brauchst du etwas Großes, Ringförmiges, um die Blasen zu bilden. Du kannst einen so großen Ring zum Beispiel aus einem Kleiderbügel formen, wie sie in der Reinigung verwendet werden, um gebügelte Hemden daran aufzuhängen.
Diesen Ring tauchst du in deine Spezialmischung, hältst ihn vor dein Gesicht ... und dann pustest du los! Du kannst den Ring mit der Seifenlauge auch sanft nach links und rechts schwenken – dann füllt sich die Blase mit Luft und formt sich ganz von allein.

 ABENTEUER BESTANDEN!

Lass vorsichtig einen Tropfen deiner Spezialseifenlauge hier aufs Papier fallen. Warte, bis er getrocknet ist, bevor du das Buch wieder schließt.

Bewertung des Abenteuers:
(Vergib Noten von 1 bis 10)

Spannung:.........

Originalität: ....

Schwierigkeitsgrad: ...

Lernfaktor:.........

Spaß:.............

 Was wirst du in
Erinnerung behalten?

Den intensiven Seifengeruch, deine vorsichtigen Bewegungen, die Verblüffung über die schillernden Farben und wie eine Blase nach der anderen vom Wind fortgetragen wird. Die Spritzer auf deiner Nase. Wie sich dein Vater darüber wundert, wo der Bügel geblieben ist, auf dem sein Hemd hing.

 Buchtipp: *Tim und Struppi – Im Reiche des Schwarzen Goldes von Hergé*

AUF EINEN BAUM KLETTERN

Die einen klettern hoch, um Früchte zu pflücken, die anderen, um von oben eine schöne Aussicht zu haben. In Wahrheit braucht es aber gar keinen Vorwand zum Baumklettern, man tut es einfach, weil es Spaß macht!
Die richtige Technik gewinnst du durch Übung – du musst es immer wieder ausprobieren: mit den Händen den Stamm umklammern, das Gesicht an die harzige Rinde des Baumes gedrückt, die Knie auf-

schrammen – hinunterrutschen, wieder neu beginnen. Du musst genau überlegen, ob der Ast dich halten wird oder ob du abstürzen könntest, du musst herausfinden, ob du weiterklettern kannst und wann du besser umkehrst.
Beim Aufstieg brauchst du immer drei sichere Punkte: Wenn du eine Hand ausstreckst, um nach einem höheren Ast zu greifen, solltest du dich mit der anderen Hand an irgendetwas festhalten, und die

Füße müssen gut abgestützt sein. Du darfst nie springen! Und komme gar nicht erst auf die Idee, mit Flipflops zu klettern oder mit Schuhen, die glatte Sohlen haben. Am besten klappt es mit Wanderschuhen. Na ja ... die ganz Abgebrühten klettern einfach barfuß!

Wenn du einmal oben bist, versuche, möglichst lange dort zu bleiben. Zwischen den Blättern versteckt, kannst du sehen, ohne gesehen zu werden, und hören, ohne gehört zu werden. Du befindest dich an einem ganz besonderen Ort, der nur dir gehört.

 **ABENTEUER BESTANDEN!**

Klebe ein Blatt vom höchsten Zweig, den du beim Hinaufklettern erreicht hast, hier ein.

Bewertung des Abenteuers:
(Vergib Noten von 1 bis 10)

Spannung:. . . . .

Originalität: . . . .

Schwierigkeitsgrad: . . .

Lernfaktor:. . . . .

Spaß:. . . . .

 Was wirst du in
Erinnerung behalten?

Den veränderten Blick auf die Welt, die raue Rinde unter deinen Händen; die Äste, die unter deinen Füßen schwanken; die Blätter, die dich am Kopf kitzeln; deinen vorsichtigen Blick in die Tiefe. Höhenrausch und Angst. Das herrliche Gefühl, an der Spitze der Welt angelangt zu sein.

Buchtipp: *Tobie Lolness. Ein Leben in der Schwebe*
von Timothée de Fombelle

EIN BAUMHAUS BAUEN

Wenn du auf den Baum von Abenteuer Nr. 9 geklettert bist, schau dich einmal um: Ist es ein kräftiger Baum? Vielleicht eine Eiche mit dicken, knorrigen Ästen, die nach oben streben? Wenn das der Fall ist, hast du einen perfekten Ort gefunden, um ein Baumhaus zu bauen.

Allerdings genügt es nicht, ein paar Bretter und eine Handvoll Nägel dafür aufzutreiben – du brauchst jemanden, der sich damit auskennt. Wenn deine Eltern (oder jemand anderes, den du gut kennst) einen Schuppen mit dem nötigen Werkzeug haben, bitte sie um ihre Hilfe. Gemeinsam ein Haus zu bauen ist eine tolle Sache – ganz egal ob das Ergebnis am Ende perfekt ist oder nicht.

Du selbst könntest ein Kletterseil herstellen, so wie es in Abenteuer Nr. 4 erklärt wurde. Außerdem kannst du beim Bauen helfen und dabei lernen, wie man das Werkzeug richtig verwendet.

Wie willst du das Baumhaus nutzen, wenn es fertig ist? Du kannst dich dorthin zurückziehen, um dich vom Blätterrauschen sanft einschläfern zu lassen oder in Ruhe ein Buch zu lesen. Oder du suchst mit einem Fernglas nach deinen neuen »Nachbarn« – vielleicht entdeckst du ja Vögel und ihre Nester in der Baumkrone.

Hast du selbst noch eine Idee?

 ABENTEUER BESTANDEN!

 Bewertung des Abenteuers:
(Vergib Noten von 1 bis 10)

Spannung:. . . . .
Originalität: . . . .
Schwierigkeitsgrad: . . .
Lernfaktor:. . . . .
Spaß:. . . . .

 Was wirst du in
Erinnerung behalten?

Die schwindelnde Höhe; die Gewissheit, einen gemütlichen Rückzugsort ganz für dich allein zu haben; die Lust, für immer da oben zu bleiben.

 Buchtipp: *Ida B.* von Katherine Hannigan

AN EINEM UNHEIMLICHEN ORT ÜBERNACHTEN

Hast du Angst vor dem Dunkeln? Vor Insekten? Vor gruseligen Geräuschen?

Nimm deine Ängste, schließe sie in einer Schublade ein und wirf den Schlüssel weg – für dieses Abenteuer musst du nämlich an einem unheimlichen Ort übernachten!

Du musst es nicht allein tun. Deine Freunde oder Eltern können dich begleiten. Aber es sollte ein außergewöhnlicher, vielleicht sogar furchterregender Ort sein.

Hast du zum Beispiel schon mal im Freien geschlafen? In einem Zelt oder vielleicht auch nur im Schlafsack? Wenn du das noch nie gemacht hast, kannst du zuerst im Wohnzimmer üben. Danach auf dem Balkon oder in einem netten Garten. Und schließlich übernachtest du im Wald! Wenn dich das Dunkel der Nacht umgibt, wird es dir zuerst so vorkommen, als würdest du kein einziges Geräusch hören, nicht einmal ein Knacksen. Aber sobald du dich ein wenig entspannst, nimmst du die Stimmen der Natur um dich herum wahr. Das Rascheln der Bäume im Wind.

Das Zirpen von Grillen (im Sommer). Oder auch das Summen von Stromleitungen, wenn du in der Nähe einer Straße bist. Und du wirst feststellen, wie sich deine Sinne schärfen. Als hättest du unzählige Ohren und Nasen, die alle wie Antennen aufgerichtet sind.

Die Nacht ist lang ...

Du bist weit weg von zu Hause, an einem einsamen, dunklen Ort, zusammen mit einer kleinen Gruppe mutiger Freunde. Wie verbringt ihr den Abend? Natürlich indem ihr euch Gruselgeschichten erzählt!

Lass dich von Büchern inspirieren, in denen es um Geister, Werwölfe und Hexen geht. Oder denk dir selbst eine Geschichte aus. Einzige Bedingung ist, dass sie dir selbst einen Schauder über den Rücken jagt!

 ABENTEUER BESTANDEN!

Schreibe hier auf, was dir bei deiner Übernachtung in der Wildnis alles Angst eingejagt hat.

... Wirklich alles!

 Bewertung des Abenteuers:
(Vergib Noten von 1 bis 10)

Spannung:. . . . .
Originalität: . . . .
Schwierigkeitsgrad: . . .
Lernfaktor:. . . . .
Spaß:. . . . .

 Was wirst du in Erinnerung behalten?

Das Gefühl, Teil eines großen Geheimnisses zu sein; die schmerzenden Glieder auf dem harten Boden, die rätselhaften Geräusche der Nacht, die im Finstern leuchtenden Augen deiner Freunde.

 Buchtipp: *Das Dschungelbuch* von Rudyard Kipling
Und was Gruselgeschichten betrifft, besorge dir Erzählungen von Edgar Allan Poe (aber das hast du nicht von uns, denn die sind WIRKLICH gruselig).

STERNE BEOBACHTEN

Wenn du dich für das nächtliche Abenteuer Nr. 11 nach draußen begeben hast, liegst du jetzt vielleicht gerade in den Dünen der Sahara, in einer Hängematte zwischen den Palmen einer tropischen Insel ... oder auf dem Balkon bei dir zu Hause. Wo immer du auch bist, öffne die Augen und schaue hoch in den Himmel. Was siehst du?

Wenn die Nacht wolkenlos und klar ist, siehst du die vielen Sterne.

Sterne gibt es schon ewig, noch viel länger als uns selbst und den Planeten Erde. Seit Urzeiten haben die Menschen nachts hinaufgeblickt, in die unendliche Weite mit den kleinen Lichtpunkten, die wie Trugbilder wirken und zugleich so tröstlich wie alte Gefährten. Es sind immer die gleichen, unser ganzes Leben lang. Sterne sind so verlässlich, dass Seeleute sie noch heute zur Orientierung nutzen. Hilfreich ist dabei besonders der Polarstern, der den Norden anzeigt. Versuche auch du, ihn zu finden. Es gibt einen Trick dafür: Suche zuerst den Großen Wagen, der auch Großer Bär heißt. Das ist ein Sternbild, also eine Gruppe von Sternen, die zusammen ein bestimmtes Bild ergeben. Das ist ein bisschen so wie bei Zahlenbildern, nur ohne Ziffern. Das Sternbild des Großen Wagens erinnert an einen alten Karren ohne Räder, oder auch an einen Kochtopf mit Stiel.

eine Linie, die diese beiden Sterne verbindet, und führe sie noch ein großes Stück weiter. Dann triffst du genau auf den Polarstern.

Hoch über dir in weiter Ferne befinden sich 88 Sternbilder. Besorge dir ein kleines Astronomiebuch (etwa in der Bücherei) oder bitte deine Eltern, dir eine App herunterzuladen, die Sterne erklärt (zum Beispiel Sky Map), und versuche, mindestens fünf Sternbilder am Himmel zu finden.

Besonders bekannt sind außer dem Großen Wagen der Orion (den man im Winter sehen kann), der Schwan und der Skorpion (die beide im Sommer zu sehen sind).

GROSSER
WAGEN

POLAR-
STERN

MERAK   DUBHE

Wenn du den Großen Wagen gefunden hast, folge den Umrissen des Sternbilds bis zu den letzten beiden Sternen an der Abschlusskante des Wagens. Sie heißen Merak und Dubhe. Jetzt denke dir

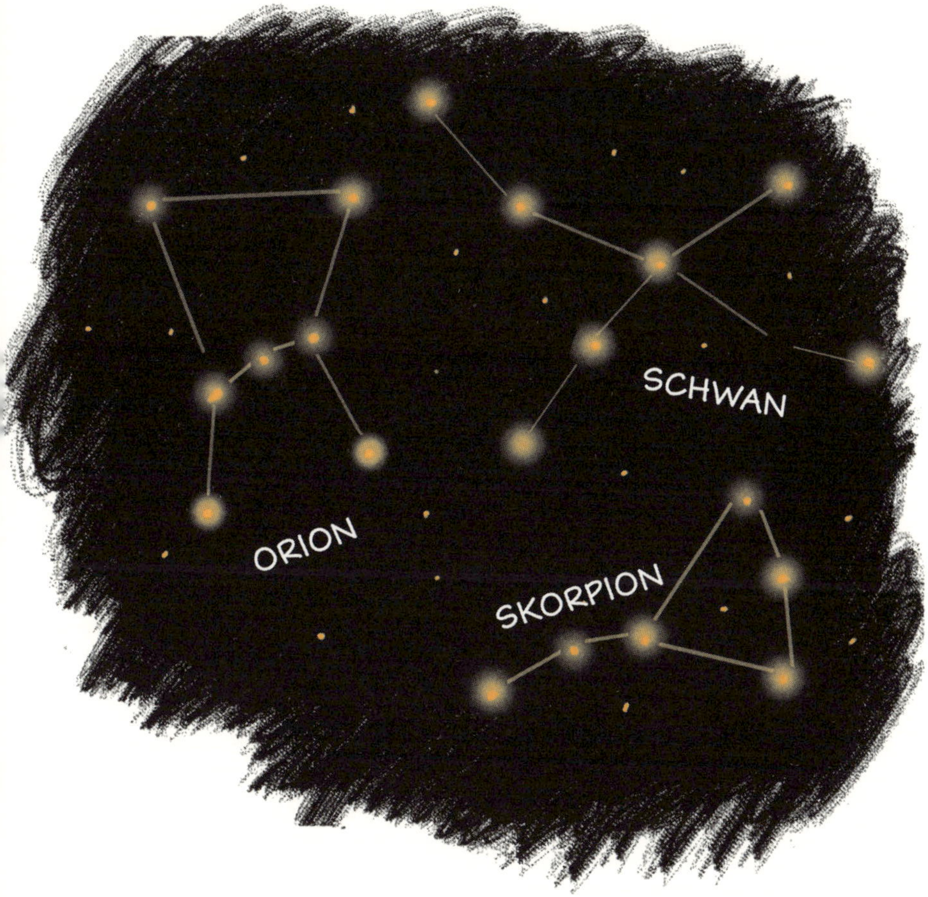

ORION

SCHWAN

SKORPION

 **ABENTEUER BESTANDEN!**

Hast du bei deinem Blick in den Himmel eine besonders interessante Formation gefunden? Vielleicht ein Nilpferd, einen Regenschirm oder einen Drachen?
Zeichne hier dein ganz persönliches Sternbild ein und gib ihm einen Namen!

 Bewertung des Abenteuers:
(Vergib Noten von 1 bis 10)

Spannung:. . . . .
Originalität: . . . .
Schwierigkeitsgrad: . . .
Lernfaktor:. . . . .
Spaß:. . . . .

 Was wirst du in Erinnerung behalten?

Das Gefühl, winzig klein zu sein; wie verzaubert man ist und wie schwindelerregend es sich anfühlt, wenn man sich in der Schwärze der Nacht in die vielen Sterne versenkt.

 Buchtipp: *Peter Pan von James M. Barrie*

EINEN WANDERSTOCK ANFERTIGEN

Manchmal reichen die eigenen Beine nicht: wenn es zu steil bergauf geht und die Füße schon wehtun; wenn die Strecke weit und anstrengend ist; wenn du auf steinigem oder matschigem Gelände schlecht vorankommst ... In diesen Fällen kannst du einen treuen Freund gebrauchen: den Wanderstock.

Er hilft dir beim Gehen, und du kannst ihn auch als Tragestange verwenden, einen Graben damit überspringen oder die Tiefe eines Flusses bestimmen.

Für einen Wanderstock eignet sich am besten das Holz einer Esche oder Eiche, von Holunder oder Ulme. Man muss aber nicht extra einen Baum fällen oder einen Ast absägen, um einen Stock zu bekommen – das wäre ziemlich rabiat. Außerdem eignet sich frisches, junges Holz sowieso nicht besonders gut.

Halte also in einem Wald Ausschau nach einem abgefallenen

Ast. Er sollte möglichst gerade sein und etwa so groß wie du. Und er sollte sich bequem greifen lassen – nur du selbst kannst entscheiden, ob er für dich geeignet ist und ob du ihn in der passenden Höhe halten kannst. Suche dir keinen allzu dicken aus, zwei Zentimeter Durchmesser sind völlig ausreichend.

Glätte mit einem Messer das Ende des Stocks, sodass es spitz zuläuft, aber robust genug für eine Wanderung auf unebenem Gelände ist. Löse die Rinde vom Griff, damit er sich angenehm anfühlt.

Entferne Blätter und Zweigansätze, indem du mit dem Messer den ganzen Stock entlangfährst.

Halte anschließend ein Lineal neben den Stock und übertrage die Maßeinheiten als Kerben auf das Holz, damit du unterwegs etwas abmessen kannst (wenn du keinen Zollstock dabeihast). Ritze zum Schluss noch deinen Namen und das Herstellungsdatum in das Holz.

Jetzt kann es losgehen – auf eine lange, abenteuerliche Wanderung!

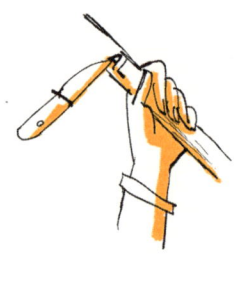

 **ABENTEUER BESTANDEN!**

**Den perfekten Ast für meinen Wanderstock
habe ich an diesem Ort gefunden:**

 Bewertung des Abenteuers:
(Vergib Noten von 1 bis 10)

Spannung:. . . . .

Originalität: . . . .

Schwierigkeitsgrad: . . .

Lernfaktor:. . . . .

Spaß:. . . . .

 **Was wirst du in
Erinnerung behalten?**

Die unterschiedliche Beschaffenheit der verschiedenen Holzarten; der würzige Duft von Harz an der Baumrinde; das Geräusch, wenn dein Stock in den Erdboden sticht.

 Buchtipp: *Herr der Ringe* von J. R. R. Tolkien

EINE NACHTWANDERUNG MACHEN

Wie schade, dass wir die Nacht nur zum Schlafen und gelegentlich zum Feiern nutzen. Dabei hat sie so viel mehr zu bieten. Sie ist das Reich des Mondes, der Finsternis und vieler Geheimnisse. Dunkelheit und Stille sind die Gefährten der nachtaktiven Raubvögel, der Diebe und Spione, aber auch der tapferen Helden und Abenteurer. Die Nacht will erforscht werden.

Für dieses Abenteuer sollst du deshalb nach Sonnenuntergang nach draußen gehen. Entweder durchstreifst du ein Viertel in deinem Heimatort oder – noch besser – du begibst dich in die unberührte Natur.

Wage dich in Begleitung eines Erwachsenen oder mit ein paar Freunden in eine Welt, die man bei Tageslicht nicht wahrnehmen kann. Spitze deine Ohren und

versuche, die verschiedenen Geräusche zu erkennen. Atme tief
durch und entdecke die Gerüche
der Nacht!

Wenn du dich in einem Wald befindest, kauere dich an einen Bach,
dann kannst du vielleicht ein
Tier beim Trinken erspähen. Wildschweine, Rehe, Füchse, Dachse und Siebenschläfer lieben es,
nachts herumzustreunen, denn
dann fühlen sie sich vor fremden
Blicken sicher. Versuche, dich im
Windschatten aufzuhalten, damit
die Tiere dich nicht wittern und
sich womöglich zurückziehen.
Sei vor allem geduldig – die Zeit
der Dunkelheit ist eine Zeit der
Langsamkeit.

Nimm für unterwegs eine Taschenlampe mit und vergiss die Ersatz-
batterien nicht – um bei Bedarf
immer Licht zu haben.

ABENTEUER BESTANDEN!

Beschreibe hier die Geräusche, die Gerüche und die Begegnungen auf deiner Nachtwanderung.

GERÄUSCHE:

GERÜCHE:

BEGEGNUNGEN:

Bewertung des Abenteuers:
(Vergib Noten von 1 bis 10)

Spannung:. . . . .

Originalität: . . . .

Schwierigkeitsgrad: . . .

Lernfaktor:. . . . .

Spaß:. . . . .

 Was wirst du in Erinnerung behalten?

Das unsichere Tappen im Dunkeln; das Licht der Straßenlaternen oder des Mondes, das nur ab und zu etwas beleuchtet; die Nacht, die sich wie ein Mantel um dich legt; das Gefühl, dass alles ein Geheimnis ist – auch du selbst.

 Buchtipp: *Mina* von David Almond

SONNENAUFGANG UND SONNENUNTERGANG AM GLEICHEN TAG ERLEBEN

Dass Tag und Nacht einander ständig abwechseln, erscheint uns völlig normal – dabei gibt es nichts Faszinierenderes. Wir verdanken alles der Sonne. Dieser riesige Feuerball schenkt uns unermesslich viel Energie, und ohne ihn gäbe es kein Leben um uns herum. Kein Gras, keine Bäume, keine Tiere. Nicht einmal den Regen, denn wenn das Wasser aus den Meeren und Seen nicht verdunsten würde, könnten auch keine Wolken entstehen.

Bei diesem Abenteuer geht es darum, das Morgengrauen und die Abenddämmerung eines einzigen Tages zu beobachten. Früh am Morgen begrüßt du die langsam über dem Horizont auftauchende Sonne und abends verabschiedest du sie, wenn sie auf der anderen Seite wieder untergeht.

Bedenke dabei ein paar Dinge: Die Sonne geht im Osten auf und im Westen unter. Suche dir also einen Beobachtungsposten, wo du einen freien Blick in beide Himmelsrichtungen hast. Sonnenaufgang und -untergang erfolgen zudem nicht immer zur selben Zeit, sondern je nach Jahreszeit unterschiedlich. Um zu erfahren, wann genau sie stattfinden, kannst du auf einer der vielen meteorologischen Webseiten oder bei einer Wetter-App nachschauen. Du musst natürlich nicht die ganze Zeit wach bleiben. Aber wenn du etwas wirklich Aufregendes erleben willst, dann versuche, die Abenteuer Nr. 11, 12, 14 und 15 aneinanderzuhängen!

 ABENTEUER BESTANDEN!

Mein Beobachtungsposten:

 Bewertung des Abenteuers:
(Vergib Noten von 1 bis 10)

Spannung:..........
Originalität: ....
Schwierigkeitsgrad: ...
Lernfaktor:..........
Spaß:..............

 Was wirst du in
Erinnerung behalten?

Die Farbpalette des Himmels, die ersten zarten Sonnenstrahlen, das wundersame Entstehen und Vergehen eines Tages. Und eine Riesenmüdigkeit – garantiert!

 Buchtipp: *Letztendlich sind wir dem Universum egal*
von David Levithan

EINE PFLANZE SÄEN

Diese Aufgabe ist nicht so einfach, wie es scheint. Dafür erntet man aber ein paar nette Nebenprodukte, zum Beispiel frische Basilikumblätter, mit denen man eine Pizza würzen kann.

Suche dir eine Blume oder eine andere Pflanze aus, die du gern aussäen möchtest. Wenn du weder einen Garten noch einen Balkon hast, versuche, sie auf dem Fensterbrett zu pflanzen. Denke aber daran, dass nicht jede Pflanze zu jeder Jahreszeit gedeiht. Basilikum zum Beispiel muss im späten Frühling, also im April oder Mai, gesät werden.

Du benötigst nicht unbedingt einen Blumentopf, es kann auch eine Plastikschale mit Löchern sein, wie man sie im Supermarkt als Verpackung für Champignons oder Tomaten erhält. Allerdings brauchst du Blumenerde (die du ebenfalls im Supermarkt oder in einem Gartencenter bekommst) – und natürlich Samen, die nicht viel kosten. Fülle den Topf oder die Schale etwa zur Hälfte mit Erde. Dann streue die Samen darüber und bedecke sie mit einer weiteren lockeren Erdschicht. Jetzt musst du gießen. Nimm dafür eine Sprühflasche oder Gießkanne mit Brausekopf, damit sich das Wasser breit über die Erde verteilt.

Bedecke den Behälter anschließend mit etwas Frischhaltefolie. Denke auch daran, einen Teller als Untersetzer darunterzuschieben, damit das Gießwasser nicht herausläuft.

Etwa im Lauf einer Woche werden die ersten Keime sprießen. Sobald sie zu sehen sind, entfernst du die Folie, die du jetzt nicht mehr brauchst. Die Pflänzchen werden ganz allmählich weiterwachsen. Stelle sie ins Sonnenlicht und vergiss nicht, sie regelmäßig zu gießen. Wenn die Pflanzen 5 bis 6 cm groß sind, entferne die schwächsten unter ihnen; so ermöglichst du den stärkeren, besser weiterzuwachsen.

Und hier kommen ein paar Beispiele, welche Blumen man zu welcher Jahreszeit aussäen sollte:

- von Februar bis März: Mohn, Kornblume, Glockenblume, Gartennelke
- von April bis Juli: Löwenmäulchen, Primel, Stiefmütterchen, Vergissmeinnicht
- von September bis Dezember: Margerite, Freesie, Iris, Anemone

Bevor du etwas pflanzt, lies genau die Anweisungen auf den Saatpäckchen, denn jede Pflanze hat ihre eigenen Bedürfnisse, die beachtet werden sollten.

ABENTEUER BESTANDEN!

Ich habe Folgendes gesät:

Am (Datum):

Die ersten Keime sind aufgetaucht am (Datum):

 Bewertung des Abenteuers:
(Vergib Noten von 1 bis 10)

 Was wirst du in Erinnerung behalten?

Spannung:..........

Originalität: ....

Schwierigkeitsgrad: ...

Lernfaktor:..........

Spaß:..............

Die Zartheit der ersten Blättchen zwischen den Fingern; die Freude darüber, etwas zum Wachsen gebracht zu haben.

 Buchtipp: *Der geheime Garten* von Frances Hodgson Burnett

EINE SCHLEUDER BAUEN

Und hier kommen wir zum wichtigsten Gegenstand aller Lausbuben und Straßengören – der Schleuder. Sie lässt sich leicht selbst herstellen, aus ganz einfachem Material, das wenig Geld kostet. Viel schwieriger ist es dann, zielen und treffen zu lernen!

Bei diesem Abenteuer geht es nämlich um beides: Du sollst eine Schleuder bauen und dann so gut damit zielen, dass du genau die Zielscheibe triffst.

Zunächst benötigst du einen Ast oder Zweig, der sich oben wie ein Ypsilon gabelt. Suche in einem Park, auf einem Spielplatz oder im Wald danach.

Es sollte ein möglichst robustes Holz sein, zum Beispiel von einer Eiche. Dann brauchst du ein klei-

nes Stück Leder und ein Gummiband. Hierfür kannst du Einmachgummis verwenden, die man im Supermarkt kaufen kann.

Das Lederstück sollte so groß sein, dass man einen daumendicken Stein damit schleudern kann. Vielleicht kannst du es aus einem alten Schuh oder einer nicht mehr benötigten Tasche herausschneiden. Stich dann in beide Enden des Leders ein Loch, durch das man das Gummiband ziehen kann. Die Astgabel, die du gefunden hast, entrindest und glättest du. Ritze dann etwas unterhalb ihrer beiden Enden Kerben ein, an denen du später das Gummi befestigen kannst.

Wenn die Astgabel schön glatt und sauber ist, lege sie 5 Minuten lang bei 200 °C in den Ofen. Dadurch werden die Fasern des Holzes schneller trocken und hart. Wenn der Ast sich zu verfärben beginnt und du einen starken Holzgeruch wahrnimmst, musst du ihn herausholen. Pass auf, dass du dich nicht verbrennst!

Lass den Ast abkühlen und befestige dann zwei Gummibänder an den Enden der Astgabel. Verbinde diese Gummibänder mit dem Lederstück.

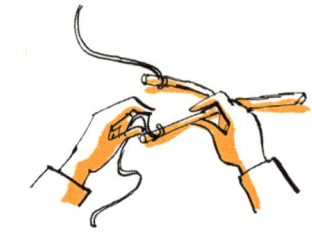

Sie sollten gleich lang sein, damit deine Schleuder auch möglichst gerade schießt.

Jetzt ist die Schleuder fertig, und du kannst sie ausprobieren – vorsichtig natürlich. Sammle ein paar Steine und lege einen davon in die Lederschlaufe. Mit deiner schwächeren Hand hältst du die Schleuder fest und mit der stärkeren ziehst du an dem Leder mit dem Stein. Am besten trägst du an der Hand, die die Schleuder hält, einen Handschuh, denn am Anfang kann es passieren, dass dir der Stein direkt auf die Finger schießt. Wenn du ganz sichergehen willst, schützt du deine Augen mit einer Plastikbrille, falls das Gummi reißt.

Übe mit deiner Schleuder nur an einem Ort, wo keine Menschen sind und wo du nichts kaputt machen kannst, und ziele am besten auf eine alte Mauer. Achte immer auf die Sicherheit, wenn du damit schießt: Nur Dummköpfe riskieren, dass jemand sich wehtut!

 ABENTEUER BESTANDEN!

 Bewertung des Abenteuers: (Vergib Noten von 1 bis 10)

Spannung:. . . . .
Originalität: . . . .
Schwierigkeitsgrad: . . .
Lernfaktor: . . . .
Spaß:. . . . .

 Was wirst du in Erinnerung behalten?

Die Herausforderung, etwas weit Entferntes zu treffen; den Knall einer Dose, die du erwischt hast und die nach hinten umkippt; die Entdeckung, dass du alles treffen kannst, wenn du dir Mühe gibst und genau zielst.

 Buchtipp: Tom Sawyer von Mark Twain

AUS ZEHN SCHRITT ENTFERNUNG EINE DOSE TREFFEN

Wenn du eine eigene Schleuder besitzt (die du dir im vorigen Kapitel gebaut hast), kannst du sie gut für dieses Abenteuer verwenden. Du kannst es aber auch mit bloßen Händen bestehen – entscheide selbst, wie es dir lieber ist.

Suche dir einen weitläufigen, verlassenen Ort, vielleicht irgendwo auf dem Land.

Beschaffe dir eine leere Blechdose (oder eine aus Plastik). Stelle sie auf einen Karton, eine Kiste oder einen Felsblock, der hoch genug ist, und versuche, die Dose aus fünf Schritt Entfernung mit einem Stein zu treffen. Das ist einfach, oder? Gut, dann gehe noch fünf weitere Schritte zurück. Jetzt wird die Sache schon schwieriger ...

Du hast es geschafft? Anfängerglück! Dieses Abenteuer hast du allerdings erst dann bestanden, wenn du dein Ziel fünf Mal hintereinander getroffen hast.

 # ABENTEUER BESTANDEN!

 Bewertung des Abenteuers:
(Vergib Noten von 1 bis 10)

 Was wirst du in Erinnerung behalten?

Spannung:. . . . .

Originalität: . . . .

Schwierigkeitsgrad: . . .

Lernfaktor:. . . . .

Spaß:. . . . .

Die misslungenen Versuche; wie dein Herz in der Brust hüpft, wenn du endlich das Ziel triffst; und den Muskelkater hinterher in deinem Arm und deiner Schulter.

 Buchtipp: *Robin Hood* von Alexandre Dumas

ABENTEUER 19

EINEN STEILEN HÜGEL HINUNTERROLLEN

Die meisten Forscher und Entdecker verspüren den Drang, Gipfel zu erklimmen. Dort hinaufzusteigen, wo es eine atemberaubende Aussicht gibt, wo das Auge über endlose Weiten schweift und alle Sehnsüchte und Wünsche über den Wolken schweben.

So riskieren auch viele Bergsteiger ihr Leben, um den Gipfel des Mount Everest zu erreichen, einen faszinierenden, anspruchsvol-len und gefährlichen Berg – den höchsten Berg der Welt. ✐

Für dieses Abenteuer hier musst du aber nicht bis zum Mount Everest nach Nepal reisen und dort Sherpas anheuern. Es genügt, dass du dir einen Hügel oder Berg in deiner Umgebung suchst und ihn erklimmst – aber du musst bis ganz nach oben gehen, mit weniger gib dich nicht zufrieden!

Bleibe eine Weile dort auf dem Gipfel. Genieße das Panorama, schließe die Augen und atme tief die frische Luft ein.

Und wenn du dann den Abstieg beginnst, mach ihn auf eine besondere Weise: Suche dir am besten einen baumlosen Abhang oder eine steil abfallende Wiese. Es muss ein freies Gelände ohne Felsen oder andere Hindernisse sein. Vergewissere dich vorher, sonst könntest du dir ziemlich wehtun oder in einem Kuhfladen landen! Jetzt machst du dich startklar: Lege dich parallel zum Abhang hin, die Arme an den Körper gepresst und die Beine geschlossen ausgestreckt. Stoße einen wilden Schrei aus und lass dich hinunterrollen. Wenn ein Freund dabei ist, dann rollt um die Wette. Der Sieger oder die Siegerin führt die nächste Bergexpedition an.

ABENTEUER BESTANDEN!

Wo rollt es sich für dich am angenehmsten?

☐ gemähte Wiese

☐ weiches Moos

☐ hohes Gras

☐ verschneiter Abhang

Bewertung des Abenteuers: **Was wirst du in**
(Vergib Noten von 1 bis 10) **Erinnerung behalten?**

Spannung:. . . . .
Originalität: . . . .
Schwierigkeitsgrad: . . .
Lernfaktor: . . . .
Spaß:. . . . .

Den Blick ins weite Land; das Kribbeln im Bauch beim Hinunterrollen;
wie es sich in deinem Kopf dreht
und dreht und dreht ...

 Buchtipp: *Unten am Fluss* von Richard Adams

DREI WILDTIERE FOTOGRAFIEREN

Bevor das Reh trinkt, spitzt es die Ohren, reckt seinen Hals und spannt die Muskeln an. Es will sicher sein, dass es nicht gestört wird, dass es jetzt seine ganze Aufmerksamkeit dem Wassertrinken widmen kann.

Zwei miteinander kämpfende Wildschweine grunzen und schnaufen und schwenken ihren Kopf mit den großen Hauern, damit sie bei ihrem Gegner eine Stelle finden, wo sie ihn treffen können.

Um einen solchen Moment mit einem scheuen Tier einzufangen, brauchst du dreierlei: einen Fotoapparat, einen guten Beobachtungsposten und sehr, sehr viel Geduld.

Für dieses Abenteuer sollst du drei Wildtiere finden und sie unbemerkt fotografieren!

 # ABENTEUER BESTANDEN!

Ich habe folgende Tiere fotografiert:

1.

2.

3.

 Bewertung des Abenteuers:
(Vergib Noten von 1 bis 10)

Spannung:. . . . .

Originalität: . . . .

Schwierigkeitsgrad: . . .

Lernfaktor:. . . . .

Spaß:. . . . .

 Was wirst du in Erinnerung behalten?

Das Kauern, Horchen und Warten;
die Stille, das scheinbar unendliche
Ausharren. Und zwischendurch den
Bammel!

 Buchtipp: *Ronja Räubertochter* von Astrid Lindgren

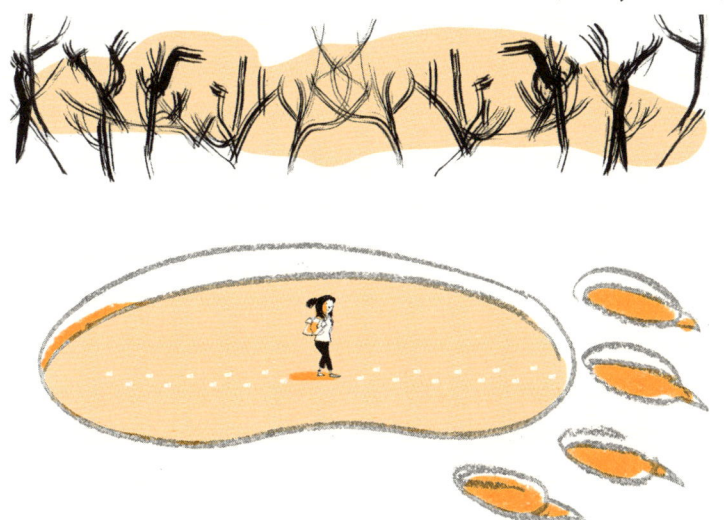

IM WALD TIERSPUREN FOLGEN

Wälder sind lebendig. Unzählige Tiere bewegen und begegnen sich hier jeden Tag und jede Nacht. Die Nahrungssuche ist der Antrieb, der Groß und Klein auf Trab hält. Die lebhafteste Zeit im Wald sind die ersten Stunden der Nacht und gleich nach dem Morgengrauen.

Wer ein geübtes Auge hat, kann die Zeichen lesen, die darauf hinweisen, dass ein Tier in der Nähe war. Möchtest du herausfinden, zu welchem Tier die Spuren gehören, die sich dort im Dickicht verlieren? Dann auf in dieses Abenteuer! Vielleicht kannst du es mit dem Abenteuer Nr. 20 verbinden.

Zieh dir Schuhe an, die über die Knöchel reichen, dicke Strümpfe, eine lange Hose und gehe in einen Wald. Suche im Unterholz nach Tierspuren. Wenn du einen Abdruck mit klaren Umrissen findest, ist er noch frisch. Denn wenn die Erde trocken ist, bröckeln die

Ränder des Abdrucks nach einiger Zeit und fallen in sich zusammen wie ein Rettungsring ohne Luft.

Hier siehst du die Tierspuren, die man im Wald am häufigsten findet: von Reh, Igel, Hase, Wildschwein und Fuchs.

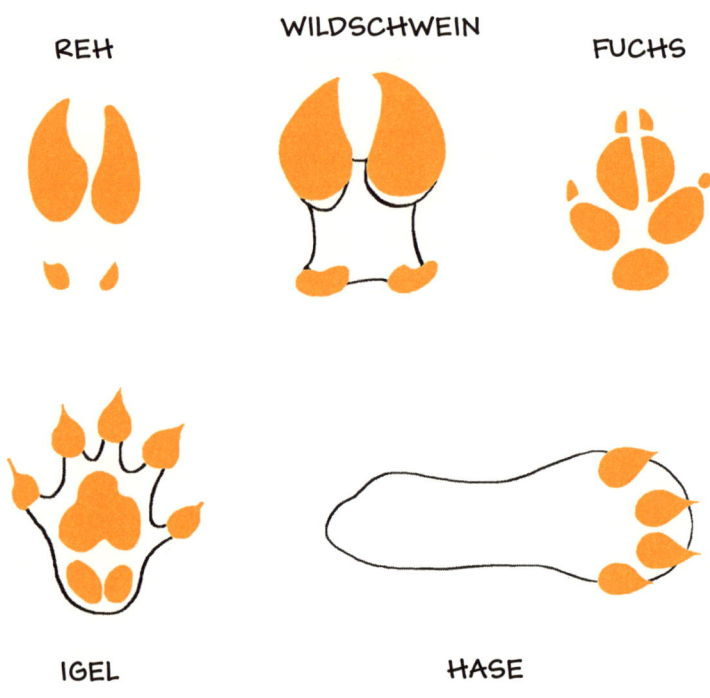

REH

WILDSCHWEIN

FUCHS

IGEL

HASE

 **ABENTEUER BESTANDEN!**

Von diesen Tieren habe ich Spuren entdeckt:

 Bewertung des Abenteuers:
(Vergib Noten von 1 bis 10)

Spannung:..........

Originalität: ....

Schwierigkeitsgrad: ...

Lernfaktor:..........

Spaß:.............

 Was wirst du in Erinnerung behalten?

Die intensiven Gerüche von Erde und Baumrinde, die Spuren von scheinbar ziellos umherirrenden Tieren; rätselhafte Tierbauten und Fährten, die du nicht deuten konntest.

 Buchtipp: *Der Wind in den Weiden* von Kenneth Grahame

EIN LAGERFEUER MACHEN

Wenn es draußen kalt ist oder schneit, wenn eine Erkältung uns frösteln lässt, dann brauchen wir nur ein wenig die Heizung aufzudrehen, und schon geht es uns besser. Damit haben wir ein Problem gelöst, das die Menschheit schon immer beschäftigt hat: wie man sich bei Kälte aufwärmen kann.

Wer sich aber fern von jeglicher Zivilisation befindet, in den Hochebenen der Wüste Gobi zum Beispiel, auf den Gebirgspfaden der Anden oder beim Zelten in den heimatlichen Bergen, muss sich auf die alte, lang erprobte Methode des Feuermachens zurückbesinnen.

Ein Lagerfeuer versorgt uns nicht nur mit Wärme. Man braucht es auch, wenn man kochen möchte, Tiere fernhalten will und um in mondlosen Nächten den Lagerplatz zu erhellen.

Wichtig ist, dass man mit dem Feuer umgehen lernt: Man muss wissen, wie man es entfacht und wieder löscht, wie man es nutzt und bändigt. Die richtige Vorbereitung ist entscheidend. Suche dir einen windgeschützten Ort, fege das Gelände sauber, befreie es von Zweigen und trockenem Laub. Dann legst du Steine zu einem Kreis und hebst in der Mitte eine kleine Mulde aus. Das wird deine Feuerstelle. Das Brennmaterial ist normalerweise Holz. Wenn du durch den Wald streifst, wirst du viele abgefallene Äste und trockene Hölzer finden, die sich perfekt für dein kleines Lagerfeuer eignen. Du brauchst verschieden große Holzstücke, von ganz feinen Zweigen bis zu dicken

Ästen (sind sie allzu groß, muss man sie mit einer Axt zerkleinern). Zum Anzünden benötigt man etwas Zunder, also leicht brennbares Material wie Stroh, Holzspäne, Federn oder Sägemehl (wie Holzwürmer es hinterlassen). Aber es geht auch mit Chips (ja, die aus der Tüte!), Wattebäuschen, die man mit Vaseline beschmiert, oder trockenem Tierkot.

Baue aus dünnen Zweigen ein kleines zeltförmiges Dach und schiebe den Zunder darunter.

Es gibt verschiedene Möglichkeiten, ein Feuer zu entzünden: mit Feuerzeug oder Streichhölzern. (Kleiner Tipp: Wenn du etwas Kerzenwachs auf die Streichholzköpfe tropfen lässt, funktionieren sie auch dann noch, wenn sie mal ins Wasser gefallen sind.)

Wenn die Sonne scheint, kannst du auch eine Lupe verwenden. Du musst sie so halten, dass die Sonnenstrahlen durch das Glas auf einen Punkt des Zunders treffen, und darfst dich nicht dabei bewegen. Nach einer Weile siehst du einen dünnen Rauchfaden aufsteigen. Jetzt blase vorsichtig auf die kleine brennende Stelle, damit das Feuer schneller auflodert.

WICHTIG:

In vielen Gegenden ist es verboten, Feuer zu machen. In Naturschutzgebieten gibt es ausgewiesene Orte, wo Grillen erlaubt ist. In manchen Ländern ist es vor allem im Sommer verboten, da eine große Gefahr von Waldbränden besteht. Informiere dich über die jeweiligen Bestimmungen, bevor du womöglich Schaden anrichtest.

 ABENTEUER BESTANDEN!

 Bewertung des Abenteuers: (Vergib Noten von 1 bis 10)

Spannung:. . . . .
Originalität: . . . .
Schwierigkeitsgrad: . . .
Lernfaktor: . . . .
Spaß:. . . . .

 Was wirst du in Erinnerung behalten?

Das erhebende Gefühl, ein uraltes Ritual zu pflegen, wenn du in den Wald gehst und Brennholz sammelst; die Suche nach geeigneten Zweigen, die ausführliche Vorbereitung der Feuerstelle, das Knistern des entfachten Feuers, die prickelnde Wärme auf deinen Wangen.

 Buchtipp: *Allein in der Wildnis* von Gary Paulsen.

PILZE BESTIMMEN LERNEN

In der Altsteinzeit, einer frühen Menschheitsepoche, gab es weder Fabriken noch Ämter oder Schulen, weder Viehzucht noch Pflanzenanbau. Wer damals lebte, hatte keinen Beruf, verdiente kein Geld und konnte sich keine Lebensmittel kaufen. Wie hat man damals wohl überlebt?

Zu jener Zeit waren die Menschen Jäger und Sammler. Sie zogen durch die Wälder auf der Suche nach Wild, Früchten und Blüten.

Sie probierten aus, was man essen konnte. Das Leben war hart, und wenn man Pech hatte, blieb man einen Tag lang mit leerem Magen.

Noch heute gibt es Menschen, die so leben. Naturvölker wie die Pygmäen in Zentralafrika zum Beispiel oder die Buschleute. Versuche herauszufinden, wie auch du dich naturnah ernähren könntest, und lerne zu erkennen, was draußen essbar ist (und auch noch schmeckt!). Brombeeren zum Beispiel oder – Pilze!

Pilze sind ganz eigene Organismen, die man nicht zu den Pflanzen zählt. Manche Pilze ernähren sich von zerfallener organischer Materie; andere leben auf Bäumen, mit denen sie Nährstoffe austauschen. Außerdem tauchen Pilze in Form von Schimmel in feuchten Hausecken auf, und dann gibt es noch Speisepilze, die in der freien Natur wachsen.

Für dieses Abenteuer geht es nur darum, Pilze im Wald zu finden und wenn möglich zu bestimmen – du sollst sie nicht sammeln! Denn es gibt auch viele gefährliche Pilze, von denen du auf jeden Fall die Finger lassen solltest, und selbst genießbare Pilze können in rohem Zustand giftig sein.

Hier siehst du häufige Pilzsorten. Halte im Wald nach ihnen Ausschau und notiere deine Funde.

STEINPILZE

AUSTERNSEITLINGE

WIESENCHAMPIGNONS

 **ABENTEUER BESTANDEN!**

Diese Pilze habe ich entdeckt:

Andere tolle Funde:

 Bewertung des Abenteuers:
(Vergib Noten von 1 bis 10)

Spannung: . . . .

Originalität: . . . .

Schwierigkeitsgrad: . . .

Lernfaktor: . . . .

Spaß: . . . .

 Was wirst du in Erinnerung behalten?

Den intensiven, leicht muffigen Geruch der Pilze; den weichen Waldboden unter deinen Füßen, die raschelnden Schritte durchs Herbstlaub. Die Freude, wenn du plötzlich entdeckst, wonach du gesucht hast.

 Buchtipp: *Die Borger von Mary Norton*

EINEN SCHNEEMANN BAUEN

Gibt es etwas Angenehmeres, als sich in ein weiches Bett zu legen und zu entspannen? Ganz genau! Und der Schnee ist die Daunendecke, mit der die Natur sich zudeckt, wenn sie mal ein Nickerchen machen will. Wenn wir vorsichtig sind und sie nicht aufwecken, lässt sie uns damit spielen, solange wir wollen.

Begib dich warm angezogen und mit einer Schneeschaufel bewaffnet nach draußen. Du wirst jetzt etwas bauen, das bis zum Tauwetter draußen stehen bleibt. Wie viel Schnee braucht man für einen Schneemann? Ziemlich viel – mehr, als du denkst. Drei Kugeln müssen geformt werden: eine große, eine mittelgroße und eine kleine. Du musst den Schnee dabei so fest wie möglich klopfen, bis die Form schön hart ist.

Die größte Kugel ergibt den Unterbau des Schneemanns: seine Beine und seinen Bauch. Die mittlere stellt den Brustkorb und die Schultern dar, und die kleinste den Kopf. Die Kugeln müssen vorsichtig aufeinandergesetzt werden, damit sie im Gleichgewicht bleiben. Du kannst sie sicherheitshalber auch auf einen Stock spießen, der dann zur Wirbelsäule des Schneemanns wird.

Jetzt fehlen noch die Arme, die du aus zwei langen Ästen machen kannst, und das Gesicht. Häufig dient eine Karotte als Nase und zwei Kohlestückchen als Augen, dazu ein alter Hut als Windschutz. Aber die Karotte wird schnell von Vögeln weggefressen, deshalb eignet sich ein kleiner Zweig hierfür besser. Denke dir etwas für den Mund aus! Und welchen Namen gibst du deinem Schneemann?

 ABENTEUER BESTANDEN!

 Bewertung des Abenteuers: (Vergib Noten von 1 bis 10)

Spannung:. . . . .
Originalität: . . . .
Schwierigkeitsgrad: . . .
Lernfaktor:. . . . .
Spaß:. . . . .

 Was wirst du in Erinnerung behalten?

Die kalte Luft, das strahlende Weiß des Schnees. Die viele Arbeit, bis man aus einem Haufen Schnee eine Figur gestaltet hat.

 Buchtipp: *Der lächelnde Odd und die Reise nach Asgard* von Neil Gaiman

EIN IGLU BAUEN

Eine Unterkunft wie die Eskimos zu bauen (die als arktisches Volk das ganze Jahr in Schnee und Eis leben) ist gar nicht so schwer. Das Rohmaterial dafür ist Schnee, am besten leicht vereist. Du kannst dieses Abenteuer direkt an das vorige anschließen.

Forme und presse den Schnee zu lauter einzelnen »Backsteinen«. Um gleichmäßige Schneeblöcke zu erhalten, kannst du eine Schaufel zu Hilfe nehmen oder eine kleine Holzkiste ohne Boden. Lege die Schneeblöcke anschließend in einem Kreis auf den Boden. Die Ritzen dazwischen dichtest du mit etwas lockerem Schnee ab. Jetzt stellst du dich in den Kreis hinein, legst eine neue Reihe von Blöcken auf die erste und ziehst sie ein Stückchen in Richtung Kreismitte. Setze immer neue »Backstein«-Reihen übereinander und lass den Kreis dabei immer enger werden, je höher du kommst.

Wenn du ganz oben angelangt bist, forme aus Schnee ein rundes Endstück, mit dem du das Loch in der Mitte verschließt. Steht dein Iglu fest da? Herzlichen Glückwunsch! Jetzt brauchst du noch einen Eingang!

Ritze einen Bogen in die Wand, gerade so groß, dass man auf allen vieren hindurchkriechen kann, und schabe diesen Umriss mit einem Stock oder einem Taschenmesser aus, bis eine Öffnung daraus wird. Die Eskimos schützen sich vor dem Wind, indem sie noch einen kleinen Eingangstunnel bauen. Aber das ist nicht unbedingt nötig.
Jetzt ist das Iglu fertig. Wie richtest du es ein?

 ABENTEUER BESTANDEN!

Zeichne hier zur Erinnerung eine Skizze von deinem Iglu.
Falls es ein wenig schief geraten ist – macht nichts!
Die unvollkommenen Dinge sind oft die schönsten.

Bewertung des Abenteuers:
(Vergib Noten von 1 bis 10)

 **Was wirst du in
Erinnerung behalten?**

Spannung:. . . . .

Originalität: . . . .

Schwierigkeitsgrad: . . .

Lernfaktor:. . . . .

Spaß:. . . . .

Deine von der Kälte geröteten Wangen, die schmerzenden eisigen Finger; wie der Bau ganz allmählich Form annimmt; deinen Jubelschrei, wenn das Werk vollbracht ist. Wie du plötzlich gemerkt hast, dass du dich selbst eingeschlossen hast!

 Buchtipp: *Ruf der Wildnis* von Jack London

MIT DEM SCHLITTEN ÜBER EINE SPRUNGSCHANZE FAHREN

Erinnerst du dich an den Hügel von Abenteuer Nr. 19? Kehre im Winter, wenn es geschneit hat, mit einem Schlitten dorthin zurück, um den gleichen Abhang hinunterzusausen – möglichst ohne dabei jemanden umzufahren!

Statt einem Holzschlitten kannst du auch einen Bob oder einen großen Gummireifen nehmen. Hauptsache, du bist gut gepolstert, um die unvermeidlichen Stürze etwas abzumildern.

Wenn es dir zu simpel ist, nur den Abhang hinunterzufahren, dann nimm eine Schaufel und bau dir eine Sprungschanze. Du solltest sie weiter unten am Hang bauen, damit du sie in vollem Tempo nehmen kannst. Überlege dir vorher, wo du nach deinem Flug unbeschadet landen wirst. Sammele einen großen Haufen Schnee und klopfe die Schanze ordentlich fest, damit sie gut hält.

Und jetzt nimm allen Mut zusammen! Wie weit schaffst du es, durch die Luft zu sausen?

✔ ABENTEUER BESTANDEN!

 Bewertung des Abenteuers:
(Vergib Noten von 1 bis 10)

Spannung:. . . . .

Originalität: . . . .

Schwierigkeitsgrad: . . .

Lernfaktor: . . . .

Spaß:. . . . .

 Was wirst du in
Erinnerung behalten?

Den eisigen Fahrtwind im Gesicht, dein Keuchen beim wiederholten Hinaufstapfen, das Gepurzel nach manchen missratenen Landungen.

 Buchtipp: *Heidi* von Johanna Spyri

EINE SCHNEEBALLSCHLACHT VERANSTALTEN

Für eine richtige Schneeball-schlacht sollte man zu meh-reren sein – am besten so viele Kinder wie möglich! Miteinander zu kämpfen weckt Gefühle aus Urzeiten, als man noch jeden Tag sein Leben riskierte, sobald man aus seiner Höhle herauskam. Während du kämpfst, schärfst du deine Sinne, dein Gehirn arbeitet auf Hochtouren und du nimmst Bewegungen und Töne wahr, die du normalerweise nicht bemerkst. Und nicht nur dein Gehirn arbeitet emsig, auch das Herz schlägt schneller und pumpt Blut und Adrenalin in alle Muskeln. »Los!«, scheint es dir zuzurufen, und deine Muskeln gehorchen sofort. »Achtung! Das ist eine Falle!« Und gleich rennst du los, um der Gefahr zu entrinnen. Du greifst an und wirst angegriffen. Du triffst und wirst getroffen.

Doch keiner tut sich dabei wirklich weh. Und wenn alles vorbei ist, umarmt man sich als dicke Freunde.

WICHTIGE REGELN:

- nicht auf den Gegner zielen, um ihn zu verletzen
- aufhören, sobald einer »Stopp« schreit
- reagieren, wenn einer ein Problem hat, und ihm helfen

Warte ab, bis genügend Schneeflocken vom Himmel gefallen sind, und verabrede dich dann mit deinen Freunden an einem Ort, wo sonst niemand ist, zum Beispiel auf einem leeren Parkplatz oder auf einem Bolzplatz. Teilt euch in mindestens zwei Mannschaften auf (im Anhang dieses Buches findest du Tipps zum Thema »Auslosen«), zerstreut euch über das Gelände und gebt euch eine Viertelstunde Zeit, um Schneewälle als Festungen zu bauen.

Diese Festungen sind eure Zuflucht, wohin ihr euch bei feindlichen Angriffen zurückziehen könnt. Eine der Festungen kann das »Zuhause« sein – wer dahinter steht, darf nicht abgeschossen werden. Die Festungen dürfen nur mit Schneebällen zerstört werden (mit dem Körper durchrennen gilt also nicht). Sie sollten hoch genug sein, um euch zu schützen, wenn ihr euch dahinterkauert, und breit genug, damit zwei oder drei von euch von dort aus kämpfen können.

Jetzt müsst ihr euch mit Munition – also mit Schneebällen – versorgen, die ihr hinter den Festungen lagert. Ihr braucht so viele wie möglich. Sie müssen angenehm in der Hand liegen und wurfbereit zu euren Füßen angehäuft sein. Beim Formen muss man sie gut zusammenpressen, aber nicht zu sehr, sonst werden sie hart wie ein

Stein. Und bei dieser Schneeball-schlacht wollt ihr andere ja nur treffen und keinem wehtun, sonst wird die Schlacht abgebrochen. Ei-gentlich lautet die Spielregel: Wer getroffen wurde, muss sich tot stellen und scheidet aus. Aber wahrscheinlich macht ihr trotz-dem noch weiter und kämpft bis auf die letzte Schneeflocke mitei-nander. Und wenn ein Außenste-hender vorbeikommt und plötz-lich mitmischt – macht nichts! Die größte Schneeballschlacht der Welt fand im amerikanischen Seattle mit 5834 Teilnehmern statt. Könnt ihr das noch toppen?

ander antreten. Und wenn drau-ßen schlechtes Wetter ist, zieht ihr euch in eine Garage oder in ein leeres Zimmer zurück und veran-staltet eine Kissenschlacht. Nicht vergessen: Auch hier sind die Re-geln zu beachten!

Eine Schneeballschlacht ist ver-mutlich die schönste Schlacht, aber im Sommer könnt ihr ebenso gut mit Wasserpistolen gegenein-

 ## ABENTEUER BESTANDEN!

Wer hat gegen wen gekämpft? Wer hat gewonnen?

 Bewertung des Abenteuers:
(Vergib Noten von 1 bis 10)

Spannung: . . . .
Originalität: . . . .
Schwierigkeitsgrad: . . .
Lernfaktor: . . . .
Spaß: . . . .

 Was wirst du in Erinnerung behalten?

Das unwillkürliche Ausweichen, noch bevor du darüber nachdenken konntest; den Treffer, wenn man ihn am wenigsten erwartet; das wilde Gekreische und Gelächter – ganz schön laut!

 Buchtipp: *Krieg der Knöpfe* von Louis Pergaud

NACH FOSSILIEN SUCHEN

Überschlagen wir das einmal: Du bist noch keine zwölf Jahre alt.

Der Fernseher wurde vor über hundert Jahren erfunden.

Amerika wurde vor etwa fünfhundert Jahren entdeckt.

Schriftzeichen hat man vor knapp fünftausend Jahren zum ersten Mal verwendet.

Und Fossilien können zehntausend, aber auch drei Milliarden Jahre alt sein.

Die Erde ist eben schon etwas betagter mit ihren ungefähr 4,5 Milliarden Jahren.

Fossilien sind in der Regel versteinerte Überreste von Lebewesen und Pflanzen. Von Dinosauriern, Weichtieren, Blüten, Samen und auch Einzellern (das sind Organismen, die nur aus einer einzigen Zelle bestehen wie bestimmte Algen oder Pilze). Sie sind wie Fotografien aus uralten Zeiten – so alt, dass man es sich kaum noch vorstellen kann.

Die Fossilbildung ist ein seltener Vorgang, denn es müssen ganz bestimmte Bedingungen erfüllt sein, damit ein Lebewesen sich nach seinem Tod nicht zersetzt. Dann versteinert die organische Materie über Millionen Jahre hinweg unter der Erdoberfläche – um irgendwann von jemandem entdeckt zu werden. Und dieser Jemand könntest du sein!

Für dieses Abenteuer brauchst du einen Fotoapparat (oder ein Handy) und du musst einen Ort aufsuchen, dessen Gestein Fossilien enthält. Das können »aufgeschnittene« Berge sein (durch Erdrutsche oder Bagger entstandene Steinbrüche), Flussufer, die reich an Sedimentgestein sind (durch Wasser und Wind ausgewaschen), Höhlen oder auch wenig besuchte Strände.

Finde mindestens eine Versteinerung und mache ein Foto davon! Versprich aber, sie nicht mitzunehmen. Fossilien sind äußerst selten und häufig zerbrechlich und sollten an dem Ort belassen werden, wo sie gefunden wurden.

 # ABENTEUER BESTANDEN!

Das Fossil, das ich entdeckt habe, sieht so aus:

 Bewertung des Abenteuers:
(Vergib Noten von 1 bis 10)

Spannung:. . . . .

Originalität: . . . .

Schwierigkeitsgrad: . . .

Lernfaktor:. . . . .

Spaß:. . . . .

 Was wirst du in
Erinnerung behalten?

Den Staub der Steine und wie du einen Blick in eine längst vergangene Zeit geworfen hast.

 Buchtipp: *Reise zum Mittelpunkt der Erde* von Jules Verne

EINEN GEHEIMKLUB GRÜNDEN

Psst, von diesem Plan darf niemand etwas mitkriegen ... absolut niemand! Lies diese Zeilen also heimlich, am besten mit einer Taschenlampe unter der Bettdecke. Oder zieh dich auf einen Baum zurück wie in Abenteuer Nr. 9.

Ein Geheimklub ist eine ernste Sache. Und wenn er auch noch STRENG GEHEIM ist, musst du alle Vorkehrungen treffen, um ihn bestens zu tarnen. Es genügt ein kleiner Fehler, und schon bist du entdeckt und alles ist dahin ...

Besprich dein Vorhaben einer Klubgründung mit ein paar Freunden – aber nur mit guten Freunden, denen du blind vertraust. Ihr könnt in der Schule darüber reden, was allerdings riskant ist, denn dort haben auch die Wände Ohren. Besser, ihr trefft euch bei einem von euch zu Hause und schließt euch in seinem Zimmer ein.

Wählt einen Vorsitzenden, der jeweils das Wort erteilt und eure Abstimmungen durchführen kann. Die Mehrheit entscheidet in allen Fragen.

Auf eurer Tagesordnung sollte stehen:

1. Einen Klubnamen wählen. Es sollte ein spannender, geheimnisvoller Name sein. Es macht nichts, wenn niemand sonst ihn erfährt. Hauptsache, ihr Klubmitglieder kennt ihn!

2. Eine Satzung verfassen. In der Satzung solltet ihr die Ziele eures Klubs festlegen. Zum Beispiel: Feinde bekämpfen, Lügen entlarven, Schwache verteidigen, für Gerechtigkeit sorgen etc. Diskutiert verschiedene Vorschläge, stimmt dann gemeinsam darüber ab, und wenn die Mehrheit entschieden hat, schreibt eure Ziele in die Satzung. Listet dort auch die Namen der Gründungsmitglieder auf, die anschließend alle unterschreiben müssen. Der oder die Vorsitzende bewahrt das Original der Satzung bei sich auf.

3. Einen Eid schwören. Um zum Klub zu gehören, müssen alle Mitglieder einen Eid ablegen. Er sollte etwa so lauten: »Ich schwöre feierlich, die Regeln unseres Klubs zu befolgen, meine Mitgliedschaft und die der anderen geheim zu halten sowie meine Aufgaben bestmöglich zu erfüllen. Die Zunge soll mir abfallen, wenn ich gelogen habe.«
Der Eid muss feierlich bei Kerzenlicht und im Beisein aller Mitglieder vorgelesen werden.

4. Die Abzeichen entwerfen. Beschafft euch Kärtchen, die etwa so groß sind wie eine Busfahrkarte, und schreibt in dicken Buchstaben den Namen des Klubs darauf, darunter den Namen jedes Mitglieds und schließlich den Zusatz GEHEIMAGENT.

5. Ein Kennwort vereinbaren. Diese geheime Parole muss jeder nennen, der Zugang zu eurem Versteck (falls ihr eines habt) oder zu euren geheimen Zusammenkünften erhalten will.

Als mögliche Aktivitäten für euren Klub eignen sich zum Beispiel die Abenteuer in diesem Buch. Lass die anderen Klubmitglieder dabei mitmachen. Ihr könnt vielleicht eine Schatzsuche für Nichtmitglieder veranstalten (Abenteuer Nr. 7), um zu sehen, ob sie schlau genug sind für eine Mitgliedschaft, oder ihr übernachtet alle zusammen an einem unheimlichen Ort (Abenteuer Nr. 11). Verlasst euch aufeinander und helft euch gegenseitig! Zusammen werdet ihr Großes vollbringen.

 ABENTEUER BESTANDEN!

Da der Klub streng geheim ist, darfst du hier nichts Schriftliches hinterlassen.

 Bewertung des Abenteuers: (Vergib Noten von 1 bis 10)

Spannung:. . . . .
Originalität: . . . .
Schwierigkeitsgrad: . . .
Lernfaktor: . . . .
Spaß:. . . . .

 Was wirst du in Erinnerung behalten?

Die endlosen Diskussionen über einen geeigneten Klubnamen; die in geheimer Mission verbrachten Nachmittage; den Verdacht des Verrats, der auf eines eurer Mitglieder fällt, da andere Personen von eurem Klub erfahren haben ...

 Buchtipp: *Harry Potter und der Orden des Phönix von J. K. Rowling*

EINE GEHEIME BOTSCHAFT SCHREIBEN

Hast du den Geheimklub aus dem vorigen Kapitel schon gegründet?

Dann brauchst du jetzt einen Geheimcode, um mit den anderen Mitgliedern Nachrichten auszutauschen. SMS zählen nicht! Da besteht immer das Risiko, dass dein Handy in die falschen Hände gerät. Das Bedürfnis, geheime Botschaften zu schreiben, gibt es schon sehr lange. Denke zum Beispiel an die Generäle, die den Offizieren während einer Schlacht ihre Befehle mitteilen mussten. Der Feind durfte ja nichts von diesen Befehlen erfahren, sonst hätte er leicht siegen können. Bei den alten Römern tätowierte man Nachrichten auf den geschorenen Kopf eines Sklaven. Sobald die Haare nachgewachsen waren, wurde er an seinen Bestimmungsort geschickt, wo man ihn wieder kahl schor, um die Nachricht zu lesen.

Im Zeitalter des Internets wäre

das natürlich ein etwas mühseliges Verfahren. Außerdem wird man wohl so schnell keinen finden, der sich zweimal kahl scheren und auch noch den Kopf tätowieren lässt. Probiere deshalb ein schnelleres und interessanteres Verfahren aus: die Cäsar-Verschlüsselung. Sie wurde schon vor langer Zeit von Julius Cäsar verwendet. Mit dieser Verschlüsselung kannst du eine Nachricht für andere unleserlich machen, die deinen Code nicht kennen.

Schau dir diese Tabelle hier an:

A	B	C	D	E	F	G	H	I	J	K	L	M	N	O	P	Q	R	S	T	U	V	W	X	Y	Z
E	F	G	H	I	J	K	L	M	N	O	P	Q	R	S	T	U	V	W	X	Y	Z	A	B	C	D

Fällt dir etwas daran auf?
Die Buchstaben in der zweiten Zeile sind alphabetisch geordnet, genau wie die in der ersten, nur um vier Stellen nach links verschoben. Bei Cäsar waren sie nur um drei Stellen verschoben, aber wir wollen ja nicht, dass Cäsar oder seine Anhänger unsere Nachrichten entschlüsseln können, deshalb haben wir seinen Code leicht verändert.

Um deine Botschaft zu verschlüsseln, gehst du so vor:
1. Schreibe deine Nachricht (z.B. TREFFEN UM ZWEI).
2. Mithilfe der Tabelle ersetzt du nun jeden Buchstaben durch den Buchstaben in der Zeile darunter (also XVIJJIR YQ DAIM).
3. Schreibe die verschlüsselte Botschaft auf einen Zettel und schicke sie los.

Hast du verstanden, wie es funktioniert? Versuche einmal, diese Nachricht zu entziffern:
FVEZS HY LEWX IW VEYW

Hättest du den Code gerne noch kniffliger? Dann wähle für die Buchstaben in der zweiten Zeile eine zufällige Reihenfolge. Nur wer die gleiche Tabelle besitzt wie du, kann diese Nachricht dann entschlüsseln.

 # ABENTEUER BESTANDEN!

Schreibe hier eine Geheimbotschaft auf,
die nur du und die Mitglieder deines Geheimklubs
entschlüsseln können.

 Bewertung des Abenteuers:
(Vergib Noten von 1 bis 10)

Spannung:. . . . .

Originalität: . . . .

Schwierigkeitsgrad: . . .

Lernfaktor:. . . . .

Spaß:. . . . .

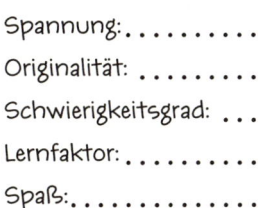

 **Was wirst du in
Erinnerung behalten?**

Wie sich ein rätselhafter Text vor deinen Augen Buchstabe für Buchstabe in eine sinnvolle Nachricht verwandelt; die Aufregung, Spannung und Geheimniskrämerei!

 Buchtipp: *Kalle Blomquist von Astrid Lindgren*

JEMANDEN UNBEMERKT BESCHATTEN

Um es gleich zu sagen: Jemanden zu beschatten gehört zu den langweiligsten Abenteuern, die man unternehmen kann. Man braucht eine Menge Geduld, läuft sich die Füße wund und entdeckt in den meisten Fällen nichts Interessantes.

Und doch ist es die älteste und wichtigste Überwachungsmethode, und jedes Mitglied eines Geheimklubs sollte sie beherrschen.

Beim Beschatten schleicht man einer Person hinterher, um herauszufinden, wohin sie geht und mit wem sie sich trifft. Die Person darf nicht merken, dass sie verfolgt wird, sonst hat die Beschattung nicht funktioniert.

Wähle jemanden, den du kennst, vielleicht einen Mitschüler, dessen Adresse du noch nicht weißt. Du beschattest ihn am besten gleich nach Schulschluss, wenn er nach Hause geht.

Versuche, ihn nicht aus den Augen zu verlieren, und bleibe in einer gewissen Entfernung hinter ihm, sodass er dich nicht sieht. Schaue nicht direkt zu ihm hin. Nimm eine Mütze oder Kappe mit, die du wechselweise auf- oder absetzt. Wenn du eine zweite Jacke dabeihast, kannst du dich noch zusätzlich tarnen.

Trage ein Notizbuch bei dir, in dem du aufschreibst, was die Person oder ihre Gesprächspartner tun. Denke daran, auch die genaue Uhrzeit einzutragen.

Ein Beispiel: »13.11 Uhr – Das Subjekt betritt die U-Bahn-Station. Es besitzt eine Monatskarte.«
Sobald du seine Adresse herausgefunden hast, hast du diese detektivische Aufgabe gelöst.

Achtung: Niemand wird gerne verfolgt! Nimm deshalb dieses Buch mit. Falls du erwischt wirst, zeige diese Seite vor, um dein Verhalten zu erklären.

ABENTEUER BESTANDEN!

Ich bin folgender Person gefolgt:

Und diese Adresse habe ich herausgefunden:

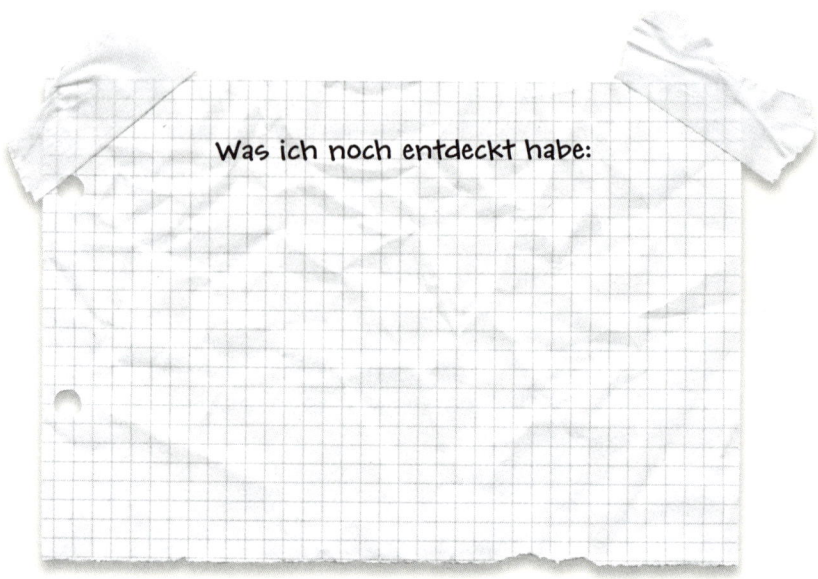

Was ich noch entdeckt habe:

 Bewertung des Abenteuers:
(Vergib Noten von 1 bis 10)

Spannung:. . . . .

Originalität: . . . .

Schwierigkeitsgrad: . . .

Lernfaktor:. . . . .

Spaß:. . . . .

 Was wirst du in
Erinnerung behalten?

Das endlose Warten; die Sorge, ertappt zu werden; den Triumph, schlauer zu sein als das beobachtete Subjekt.

 Buchtipp: Sherlock Holmes von Arthur Conan Doyle

IN ALTEN RUINEN GEISTER SUCHEN

Gibt es in deiner Nähe ein altes Schloss oder eine Burgruine, die man besichtigen kann? Womöglich spuken dort noch die alten Besitzer durch die Gemäuer ... Schaue dir die Öffnungszeiten an und wähle am besten einen dunklen Winternachmittag für deinen Besuch – dann ist die Wahrscheinlichkeit am größten, dass sich die Gespenster hervorwagen. Halte dich nicht lange mit alten Vasen oder der Gemäldegalerie auf, sondern erkundige dich, ob auch die Kellergewölbe zu besichtigen sind. Nimm am besten einen Freund mit, denn es könnte gruselig werden, und leuchte mit einer Taschenlampe auch verborgene Winkel aus. Du glaubst nicht an Gespenster? Trotzdem werden dir bestimmt ein paar Merkwürdigkeiten auffallen. War da nicht gerade ein Schatten auf der steinernen Wendeltreppe? Wer hat die Fackel ausgeblasen? Warum hängt das

Bild plötzlich schief? Vergiss nicht, ein paar Blicke in den Schlossgarten oder den Burggraben zu werfen … auch hier könnten seltsame Dinge geschehen.

Mache möglichst viele Fotos: Wer weiß, vielleicht fällt dir auf den Bildern ja später etwas auf, das du nicht gleich bemerkt hast. Viel Erfolg bei der Geisterjagd!

✓ ABENTEUER BESTANDEN!

Die merkwürdigsten Dinge, die ich gesehen habe:

Bewertung des Abenteuers:
(Vergib Noten von 1 bis 10)

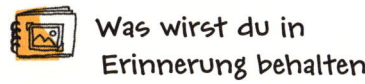 **Was wirst du in**
Erinnerung behalten?

Spannung: . . . .

Originalität: . . . .

Schwierigkeitsgrad: . . .

Lernfaktor: . . . .

Spaß: . . . .

Den Nervenkitzel und den unver-
wechselbaren Geruch alter Gemäuer.

 Buchtipp: *Das Geheimnis der Geister von Craggyford*
von Eva Ibbotson

EINE BERÜHMTE HISTORISCHE PERSON IMITIEREN

Geschichte besteht nicht nur aus Daten, Schauplätzen und Fakten. Geschichte wird vor allem von Menschen geprägt, von Wünschen und Hoffnungen und großen Anstrengungen.

Wähle eine historische Persönlichkeit, die dich beeindruckt – Alexander den Großen, Leonardo da Vinci, Jeanne d'Arc, Christoph Kolumbus oder wen auch immer. Versuche, so viele Informationen wie möglich über diese Person aufzutreiben. Was für eine Familie sie hatte, was ihre Träume waren, als sie noch jung war, worin sie gut war und worin weniger. Vertiefe dich in ihren Charakter und ihre Gedankenwelt. Und was du nicht herausfinden kannst, das denke dir selber aus. Mach dir eine eigene Vorstellung von diesem Menschen, wie er sich bewegt und gesprochen hat.

Falls möglich, suche seinen Geburtsort und sein Grab auf.

Wusstest du zum Beispiel, dass Julius Cäsar gern in der dritten Person von sich selbst sprach? »Diese Wildschweinpastete schmeckt ihm ausgezeichnet.« Versuche ebenfalls, einen Tag lang wie Cäsar zu reden. »Dieses Müsli ist sehr lecker. Er wird es ganz aufessen.« Oder: »Sie hat keine Lust, ihre Hausaufgaben zu machen, und geht lieber in den Hof zum Spielen.«

Verhalte dich ein paar Tage lang so wie die Persönlichkeit, die du dir ausgesucht hast.

Und zum Schluss beantworte folgende Fragen: Was ist dir an deiner Person aufgefallen? Was war deiner Meinung nach so besonders an ihr? Warum ist sie immer noch berühmt? Und wie könntest du selbst etwas Großes vollbringen?

Wenn die Person ein Heerführer war, dann suche den Ort ihrer siegreichen Schlachten auf. War es ein Künstler oder eine Künstlerin, schau dir seine oder ihre Werke an. Versuche, in ihre Haut zu schlüpfen und die Person so gut wie möglich nachzuahmen. Lass deiner Fantasie dabei freien Lauf!

 **ABENTEUER BESTANDEN!**

Ein paar Tage lang war ich ...
(Name der von dir gewählten historischen Persönlichkeit)

 Bewertung des Abenteuers:
(Vergib Noten von 1 bis 10)

Spannung:..........

Originalität: ....

Schwierigkeitsgrad: ...

Lernfaktor:..........

Spaß:.............

 Was wirst du in Erinnerung behalten?

Das seltsame und spannende Gefühl, in der Haut von jemand anderem zu stecken.

 Buchtipp: *Die Zeitdetektive: Caesar und die große Verschwörung von Fabian Lenk*

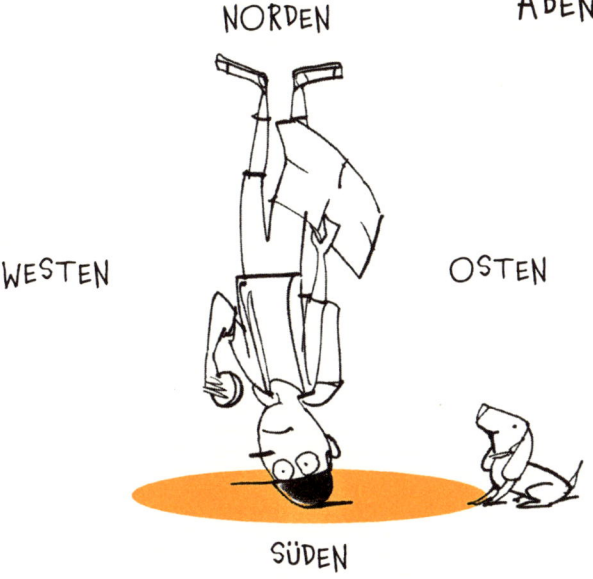

NORDEN

WESTEN

OSTEN

SÜDEN

SICH MIT KOMPASS UND KARTE ORIENTIEREN

Auf unbekanntem Gelände kann es leicht passieren, dass man sich verirrt. Was war noch mal der richtige Weg? Der nach rechts zu dem seltsamen Berg dahinten oder der zu dem rätselhaften See hinunter?

Kompass und Landkarte sind immer schon treue Reisegefährten von Abenteurern gewesen. Jahrhundertelang konnten sie häufig verhindern, dass Entdecker den falschen Weg einschlugen und in einer gefährlichen Gegend landeten. Und für die Abenteurer, die sich an Orte wagten, wo noch keiner vor ihnen war, gehörte es zu den wichtigsten Aufgaben, neue Landkarten zu zeichnen oder bestehende auf den neuesten Stand zu bringen. Der Kompass ist ein Gerät, das immer in Richtung Norden zeigt, und es ist wichtig, den Umgang damit zu erlernen.

Die Aufgabe lautet: Gehe hundert Schritte in Richtung Norden und dann zweihundert in Richtung Osten.

Für dieses Abenteuer brauchst du eine Karte von einem dir unbekannten Ort (möglichst nicht allzu weit entfernt, sonst schaffst du es nicht bis dorthin), einen Kompass (wenn ihr zu Hause keinen habt, erhältst du einen im Sport- oder Outdoorladen) ... und eine Portion Abenteuerlust!

Und so funktioniert es:
Wähle einen Ausgangspunkt. Dann breitest du die Landkarte auf dem Boden oder einer anderen flachen Unterlage aus und legst den Kompass darauf.

Auf geografischen Karten befindet sich der Norden üblicherweise oben. Um deine Position herauszufinden, musst du den Kompass seitlich an den Kartenrand legen, auf die Magnetnadel schauen und die Karte so lange drehen, bis ihr Norden mit dem des Kompasses übereinstimmt. Fertig? Gut, dann hast du die Richtung, in die du gehen musst, gefunden.

Halte den Kompass auf deiner Wanderung auf der Handfläche direkt vor deine Brust – das ist die korrekte Position des Kompasses, wenn man damit unterwegs ist.
Viel Spaß!

✔ ABENTEUER BESTANDEN!

Ausgangspunkt:

Ankunftsort:

 Bewertung des Abenteuers:
(Vergib Noten von 1 bis 10)

Spannung:..........
Originalität: ....
Schwierigkeitsgrad: ...
Lernfaktor:..........
Spaß:.............

 Was wirst du in Erinnerung behalten?

Den Moment kurz vor dem Ziel, wenn sich die Karte in deiner Hand in die Landschaft verwandelt, die direkt vor dir liegt.

 Buchtipp: *Die geheimnisvolle Insel* von Jules Verne

EINE ZEITUNG SELBER MACHEN
ODER EINEN BLOG SCHREIBEN

In früheren Zeiten erfuhr man nur mit Mühe, was in einem anderen Teil der Welt vor sich ging. Nachrichten wurden zu Fuß oder auf dem Rücken eines Maulesels überbracht, man hörte sie von Händlern oder manchmal auch von Boten. Oft dauerte es Monate, bis man von einer wichtigen Neuigkeit erfuhr.

Heute kann man mit fast jedem Ort der Welt in Echtzeit in Kontakt treten, sogar mit dem Südpol.

Dank der Satellitenverbindungen ist es fast egal, ob man vom Balkon aus mit der Nachbarin plaudert oder mit einem Seemann auf dem weiten Ozean. Mit einem einzigen Klick kannst du dich darüber informieren, was gerade in Hongkong passiert, oder per Webcam Pinguine in Neuseeland beobachten.

Aber wer teilt uns diese Dinge mit? Wer entscheidet, was erwähnenswert ist und was nicht?

Genau hier beginnt die Tätigkeit der Journalisten. Sie begeben sich vor Ort, um Dinge zu erfahren, und schreiben ihre Erkenntnisse auf, um sie auch anderen zugänglich zu machen. Im Grunde ist ein Journalist eine Art Detektiv: Er muss Nachforschungen anstellen und Fakten ermitteln, um sie dann anderen mitzuteilen.

In diesem Abenteuer wirst du selbst zum Journalisten – einer Zeitung oder eines Blogs. Das ist ziemlich anspruchsvoll, und vielleicht magst du ja deine ganze Klasse mit einbeziehen (wenn deine Lehrer einverstanden sind) oder deine Freunde oder die Mitglieder deines Geheimklubs.

Wähle selbst die Themen deiner kleinen Zeitung: vielleicht Neuigkeiten aus der Schule, aus der Nachbarschaft oder deinem Stadtviertel?

Probiere einmal aus, einen Artikel zu schreiben. Orientiere dich dabei an anderen Zeitungen oder Illustrierten. Suche dir Informationen über das Thema zusammen, über das du berichten willst. Du musst dich selbst gut auskennen, um anderen davon erzählen zu können. Wenn du die Meinung von einem Experten benötigst, stelle ihm oder ihr ganz viele Fragen und versuche, die Antworten zu verstehen. Nur ein ausgewählter Teil deiner gesammelten Informationen landet am Ende in deinem Artikel. Trotzdem sollte das Ergebnis informativ und vollständig sein.

Statt einer Zeitung kannst du auch einen Internetblog eröffnen. Ein Blog ist eine Art Tagebuch, das alle lesen können, nur dass es nicht aus Papier ist, sondern auf dem Computerbildschirm erscheint. Dein Blog könnte über Unwahrheiten berichten, die du irgendwo mitbekommen hast. Oder du schreibst über die mit diesem Buch erlebten Abenteuer und schilderst deine Eindrücke und Gefühle; vielleicht fügst du auch ein paar Bilder von dem Erlebten hinzu.

Lass dich von der Technik nicht abschrecken. Einen Blog zu führen ist ganz einfach, man muss sich nicht einmal besonders gut mit Computern auskennen. Deine Eltern können dich zum Beispiel bei einem kostenlosen Service wie »Blogger.com« anmelden.

Wenn du deinen Blog eingerichtet hast, musst du ihn lebendig halten und regelmäßig neue Artikel einstellen, wenigstens einen pro Woche. Einen pro Tag wäre noch besser.

Hier ein paar Tipps für mögliche Themen, über die du schreiben könntest:

– Computerspiele
– Sport
– Musik
– Kinofilme

 ABENTEUER BESTANDEN!

 Bewertung des Abenteuers:
(Vergib Noten von 1 bis 10)

Spannung:.........
Originalität: ....
Schwierigkeitsgrad: ...
Lernfaktor:.........
Spaß:............

 Was wirst du in Erinnerung behalten?

Neue Erkenntnisse, neue Freundschaften, die Kommentare deiner Leser.

 Buchtipp: *Die Welt, wie Larry sie sieht* von Janet Tashjian

EIN SCHWIERIGES COMPUTERSPIEL MEISTERN

Hast du schon mal ein Computerspiel bis zum letzten Level gespielt? Dafür braucht man Ausdauer und Konzentration. Womöglich erfordert es stundenlanges Üben, einen genauen Zeitplan und viele vergebliche Versuche. Bei diesem Abenteuer geht es darum, das Schlussbild eines beliebigen Computerspiels zu erreichen. Am besten eines, das du spannend findest. Ausgeschlossen sind Spiele, bei denen man für bestimmte Vorteile etwas bezahlen muss (indem man zum Beispiel Spielgeld oder andere Zusätze erwirbt).

Konsolen und alte Spiele

Für das betreffende Computerspiel solltest du nicht viel Geld ausgeben. Heutzutage bekommt man viele tolle Spiele-Apps, die weniger als 10 Euro kosten. Oder probiere einmal die alten Videospiele von früher aus, die jetzt nicht mehr verkauft werden und im Internet kostenlos zum Download bereitstehen. Sie heißen Retro Games und man kann sie online spielen. Besonders unterhaltsam sind: The Legend of Zelda, Ghost 'n' Goblins, Black Tiger, Project Firestart, Monkey Island, Tomb Raider oder Zak McKracken. Es gibt eine riesengroße Auswahl.

Die PlayStation ist eine gute Spielkonsole, aber die neueste Version ist ziemlich teuer. Vielleicht kannst du ja eine ältere, gebrauchte ausfindig machen.

Falls deine Eltern Einwände haben, erkläre ihnen, dass du dich mitten in einem Abenteuer befindest, und zeige ihnen diesen Brief:

Sehr geehrte Eltern,

Ihre Tochter oder Ihr Sohn ist gerade voller Eifer dabei, ein wichtiges Abenteuer zu durchleben, dessen Gelingen für die kognitive Entwicklung und psychomotorische Koordinationsfähigkeit Ihres Kindes essenziell ist. Neueste Forschungen haben ergeben, dass das Spielen am Computer eine unschätzbare Bedeutung für die Aktivierung der Spiegelneuronen im Gehirn hat. Des Weiteren baut es auf unschädliche Weise Stress und Aggressivität ab. Nicht zuletzt fördert der narrative Anteil der immer komplexer angelegten Computerspiele den Geist Ihrer Kinder mindestens ebenso wie die Heldensagen der alten Griechen.

Aus all diesen Gründen bitten wir Sie, die Bemühungen Ihres Kindes zu unterstützen und sich mit ihm zu freuen, wenn es siegreich daraus hervorgeht. Allerdings kann es sich erst danach den aufgeschobenen Hausaufgaben widmen und im Haushalt mithelfen.

In der Gewissheit, auf Ihr vollstes Verständnis zu stoßen, verbleiben wir mit freundlichen Grüßen

Pierdomenico und Tommaso

 # ABENTEUER BESTANDEN!

 Bewertung des Abenteuers:
(Vergib Noten von I bis 10)

Spannung:..........
Originalität: ....
Schwierigkeitsgrad: ...
Lernfaktor:..........
Spaß:..............

 Was wirst du in
Erinnerung behalten?

Deine wunden Finger, die müden Augen; den Frust darüber, die letzten Punkte zu verlieren, als ginge es um Leben oder Tod. Das Gefühl, der Allergrößte zu sein, wenn du es endlich bis zum Schluss geschafft hast!

 Buchtipp: Level 4 – Die Stadt der Kinder von Andreas Schlüter

EIN SYMPATHISCHES MONSTER ERSCHAFFEN

So gut wie jeder fürchtet sich vor Monstern. Gibt es überhaupt irgendjemanden, der Monster mag? Dabei lauern sie überall. Manche sind richtig schrecklich (Monster, die sich unter dem Bett verstecken, zum Beispiel), andere sind weniger unheimlich und bringen uns sogar zum Lachen. Wenn du dich genau wie alle anderen vor Monstern gruselst, aber auch von ihnen fasziniert bist, dann ist dieses Abenteuer die beste Möglichkeit, sie genauer kennenzulernen ... Du kannst nämlich selbst eines erfinden!

Aber wie erfindet man ein Monster? Es genügt nicht, sich eines nur in Gedanken vorzustellen – du solltest es tatsächlich anfertigen. Zum Beispiel aus Kartons, die du zusammenklebst und schwarz anstreichst. Oder indem du verschiedene Äste miteinander verbindest und das Ganze dann vor dein Geheimversteck hängst (in diesem Fall ist es ein Schutzmonster). Du kannst aber auch einen größeren Stein nehmen und ihm mit Farben eine Monsterfratze aufmalen.

Oder du formst eine Monster-skulptur aus Ton oder Plastilin, das man in einem Bastelladen kaufen kann.

Wenn du nicht extra Geld ausgeben möchtest, kannst du auch einen Salzteig herstellen, indem du eine Tasse Wasser, eine Tasse Salz, eine Tasse Mehl, einen Teelöffel Öl und einen Teelöffel Kleister zusammenmischst. Verknete die Zutaten gut, und schon hast du einen Teig, der sich leicht modellieren lässt und nach dem Trocknen auch fest bleibt.

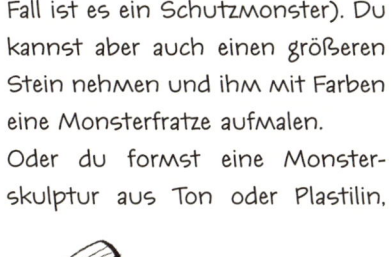

Das Wichtigste bei der Sache ist, dass du ein ganz persönliches Monster kreierst. Wenn du es fertiggestellt hast, musst du ihm einen Namen geben. Und du solltest dir auch eine Aufgabe für dein Monster überlegen. Soll es dich beschützen? Vor deinem Geheimversteck wachen? Auf deine Schätze aufpassen?

Überlege dir das gut, bevor du dein Monster erschaffst, denn wenn es einmal da ist, wird es dir eine Menge Fragen stellen …

 **ABENTEUER BESTANDEN!**

Zeichne hier das Monster auf,
das du selbst angefertigt hast.

 Bewertung des Abenteuers:
(Vergib Noten von 1 bis 10)

Spannung:.........

Originalität: ....

Schwierigkeitsgrad: ...

Lernfaktor:.........

Spaß:.............

 Was wirst du in Erinnerung behalten?

Das schöne Gefühl, wenn unter deinen Händen etwas Neues entsteht, das seine Existenz nur dir verdankt.

 Buchtipp: *Frankenstein von Mary Shelley*

EINEN ZAUBERTRANK BRAUEN

Schneckenschleim, Spülmittel, Puderzucker und tote Regenwürmer ... Fast jede Zutat eignet sich für die Herstellung eines teuflischen Gebräus.

Wenn du dir einen Zaubertrank ausdenken könntest, wie würde der aussehen? Was wären deine Zutaten, und vor allem: Welchen Zauber sollte der Trank bewirken?

Nimm einen Krug (auch ein großes Glas ist möglich, Hauptsache, es passt alles hinein, was du vorgesehen hast) und stelle deinen Zaubertrank zusammen. Rühre alles gut um, dann lass deine Freunde daran schnuppern und bitte sie, die Zutaten zu erraten.

Es darf aber keiner probieren – nur daran riechen! Du wirst sehen, dass die Magie auch so funktioniert.

 # ABENTEUER BESTANDEN!

Die geheimen Zutaten meines Zaubertranks:

 Bewertung des Abenteuers:
(Vergib Noten von 1 bis 10)

Spannung:..........
Originalität: ....
Schwierigkeitsgrad: ...
Lernfaktor:..........
Spaß:..............

 Was wirst du in Erinnerung behalten?

Die verrückten Gerüche; die Farbe des Zaubertranks, die sich mit jeder Zutat verändert; den Ekel und das schiefe Grinsen, das er bei deinen Freunden hervorruft.

 Buchtipp: *Das Wundermittel* von Roald Dahl.

EINE GESCHICHTE ERFINDEN

Menschen brauchen Geschichten so dringend wie Wasser und Nahrung, aber es ist gar nicht so einfach, sich eine auszudenken. Versuche es einmal! Es gibt keine festen Regeln dafür – hier kommen ein paar Ratschläge: Zuerst brauchst du eine Hauptfigur. Es sollte eine interessante Persönlichkeit sein, die irgendetwas Besonderes an sich hat. Achilles zum Beispiel war in der griechischen Sagenwelt ein fast unverwundbarer Halbgott. Und dieses »fast« macht seine Geschichte so besonders: Der einzige Schwachpunkt, der ihn verletzlich machte, war nämlich seine Ferse. Kim wiederum, die Hauptfigur aus Rudyard Kiplings Roman, ist ein armer und ungebildeter Waisenjunge, der dank seiner Erfahrungen auf einem indischen Basar im Leben aber gut zurechtkommt.

Deine Hauptfigur kann natürlich auch eine ganz normale Person ohne besondere Begabungen sein.

Dann sollte ihr aber etwas Besonderes passieren, was ihr Leben verändert, zum Beispiel ein Lottogewinn oder eine aufregende Begegnung mit jemand anderem.

Nun geht es um die eigentliche Handlung. Es könnte zum Beispiel ein Problem geben, das unlösbar erscheint und nur mit großem Scharfsinn gemeistert werden kann. Eine der zwölf Aufgaben des griechischen Helden Herkules bestand darin, an einem einzigen Tag die riesigen Ställe des Augias auszumisten – was selbst für einen starken Kerl wie ihn nicht zu bewältigen war. Doch Herkules leitete einen Fluss um, der durch die Ställe flutete und allen Dreck mit sich hinaustrug. Im Grunde bestehen Geschichten genau daraus: Man will miterleben, wie der Held seine Probleme löst.

Wenn du deinen Schreibversuch wagst, lass dich nicht entmutigen, wenn dir am Anfang nichts einfällt.

Das ist ganz normal. Man muss sich gut konzentrieren, lange nachdenken und darf sich nicht ablenken lassen. Wenn du deine Geschichte geschrieben hast, lasse sie eine Woche lang

in der Schublade liegen. Am besten vergisst du sie und denkst an etwas ganz anderes. Danach liest du sie wieder. Du wirst tausend Fehler und Mängel finden! Wenn du sie korrigiert hast – und wirklich erst dann! –, kannst du sie jemand anderem vorlesen. Oder du veröffentlichst sie in der Zeitung von Abenteuer Nr. 35.

 # ABENTEUER BESTANDEN!

 Bewertung des Abenteuers:
(Vergib Noten von 1 bis 10)

Spannung:. . . . .

Originalität: . . . .

Schwierigkeitsgrad: . . .

Lernfaktor:. . . . .

Spaß:. . . . .

 Was wirst du in
Erinnerung behalten?

Deinen Respekt vor dem leeren, weißen Blatt; das Grübeln, die Unsicherheit, die plötzlichen genialen Einfälle. Und deine Nervosität, wenn du auf die erste Kritik deiner Leser wartest.

 Buchtipp: *Der Tagträumer* von Ian McEwan

EINEN BRIEF SCHREIBEN

Seit es das Internet gibt, werden immer weniger Papierbriefe geschrieben. Dabei ist es wunderschön, von einem Freund Briefpost zu bekommen. Der Moment, wenn man den Umschlag aufreißt, ist so spannend, als würde man ein Schatzkästchen voller Geheimnisse öffnen. Außer dem eigentlichen Brief könnten ja auch Fotos, Zeichnungen oder Zeitungsausschnitte darin enthalten sein. Schließlich lässt sich alles, was leicht wie Papier und sehr dünn ist, gut mit der Post verschicken. Wie wäre es also? Hast du einen entfernt lebenden Freund? Oder vielleicht kennst du jemanden, der zwar nicht weit weg wohnt, den du dich aber nicht anzusprechen traust?

Schreibe ihm oder ihr einen schönen Brief. Gib dir richtig Mühe. Erzähle von dir selbst, was du gerne machst. Du könntest auch von diesem Buch hier erzählen und von deinen Erfahrungen damit. Füge etwas bei, Bilder, eine Busfahrkarte, ein hübsches Bonbonpapier oder vielleicht kleine Comicstrips, die du selbst gezeichnet hast. Drucke ein Foto von dir aus und lege es dazu. Alles, was du hinzufügst, macht den Brief noch wertvoller.

Und falls dein Adressat im Ausland lebt – umso besser: Der lange Postweg macht die Sache nur noch spannender. Dieses Abenteuer ist allerdings erst dann bestanden, wenn du eine Antwort erhalten hast! Überzeuge also deinen Freund oder deine Freundin davon, dir per Post zurückzuschreiben.

Du weißt immer noch nicht, wovon dein Brief handeln soll? Warum schreibst du nicht einen Liebesbrief an den Jungen oder das Mädchen deiner Wahl? Wichtig ist, dass der Brief wirklich per Post verschickt und nicht persönlich überbracht wird – so ist die Überraschung größer.

 ABENTEUER BESTANDEN!

 Bewertung des Abenteuers:
(Vergib Noten von 1 bis 10)

Spannung:.........

Originalität: ....

Schwierigkeitsgrad: ...

Lernfaktor:.........

Spaß:.............

 Was wirst du in Erinnerung behalten?

Wie deine Gedanken mit jeder geschriebenen Zeile Form annehmen. Wie du deine Empfindungen in Worte fasst, sodass der Empfänger deines Briefes sie miterleben kann.

 Buchtipp: Sophies schlimme Briefe von Kirsten Boie

SICH KLATSCHNASS REGNEN LASSEN

Die Wolken sind dunkel und dick, der Himmel sieht wütend und bedrohlich aus. Ohrenbetäubende Donnerschläge erklingen und du fühlst dich klein und zerbrechlich.

Die Angst vor Gewittern ist tief in uns verwurzelt, sie hat schon vor Jahrhunderten unsere Vorfahren heimgesucht. Die antiken Völker stellten sich vor, die Blitze würden von Göttern auf die Erde geschleudert und der Donner würde von magischen Hämmern verursacht. So schleuderte Zeus im alten Griechenland seine Blitze, und in der nordischen Sagenwelt zerschlug der Hammer des Donnergottes Thor ganze Berge.

Doch du kannst etwas tun, um deine Angst vor Gewittern ein wenig zu lindern: Du kannst dich ihr stellen. Von einem sicheren Ort aus – vielleicht am Fenster –

kannst du dem Gewitter aufmerksam zuschauen und zuhören. Dabei bestaunst du die hellen Blitze, die alles ringsum beleuchten. Du bewunderst die Kraft der Natur und zählst die Sekunden, bis der Donner kommt. Und du wirst vielleicht feststellen, dass ein Gewitter etwas Wunderschönes ist. Wenn Blitz und Donner dann ganz vorbei sind und es nur noch in Strömen regnet, gehst du hinaus und lässt dich nass regen. Du spürst die eiskalten Regentropfen im Gesicht, deine triefenden Haare, die Kleider, die immer nasser und schwerer werden ... Vor allem im warmen Sommer kann das herrlich sein!

 ## ABENTEUER BESTANDEN!

Beim Auswringen der Kleider, die ich im Regen trug, hätte ich diesen Eimer bis hierhin füllen können: (Zeichne den Wasserstand ein.)

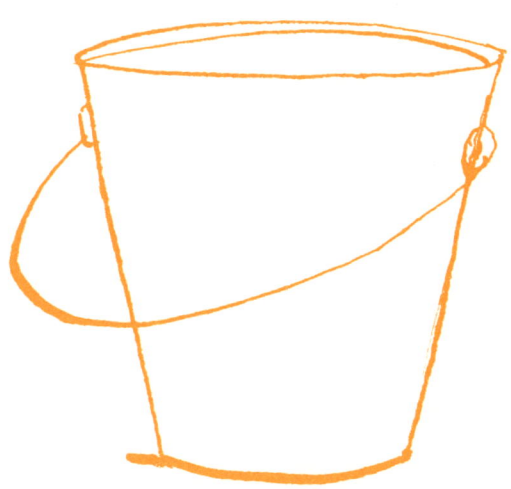

Bewertung des Abenteuers: (Vergib Noten von 1 bis 10)

 Was wirst du in Erinnerung behalten?

Spannung: . . . .

Originalität: . . . .

Schwierigkeitsgrad: . . .

Lernfaktor: . . . .

Spaß: . . . .

Wie frei man sich fühlt, wenn man im Regen steht. Wie toll es ist, etwas zu tun, was niemand sonst macht. All das Wasser im Mund, in den Augen, überall ...

 Buchtipp: *Pippi Langstrumpf* von Astrid Lindgren

EINE PLAYLIST ERSTELLEN

Nicht jedem liegt es, ein Instrument zu spielen – das ist schließlich nicht einfach. Musikhören aber kann jeder. Suche dir ein Musikstück aus, schließe die Augen und versenke dich in die Welt der Töne. Was geht dir dabei durch den Kopf? Welche Bilder tauchen vor dir auf? Sind es vertraute Szenen aus deinem Alltag oder fremde Bilder aus unbekannten Welten, die noch zu entdecken sind? Und woher kommen diese Bilder? Aus den Tönen, aus der Melodie oder sind sie nur in deinem Kopf?

Musik kann dein Leben prägen. Sie kann dich, wenn du traurig bist, aufheitern und dir morgens aus dem Bett heraushelfen. Der berühmte Forscher Albert Einstein zum Beispiel benötigte Musik zum Nachdenken.

Bei diesem Abenteuer geht es darum, eine Playlist zusammenzustellen.

Überlege dir ein Thema, zum Beispiel: »Zehn Lieder über das Reisen« oder: »Zehn Songs mit Gitarrensolos«. Wähle ein Thema, das dich interessiert und dir gefällt, und dann suchst du entsprechende Musikstücke. Suche sie sorgfältig aus, denn sie sollten richtig gut zusammenpassen. Auch die Reihenfolge ist wichtig.

Und dann teile deine Playlist mit deinen Freunden. Du kannst sie auch auf deinem Blog von Abenteuer Nr. 35 veröffentlichen.

Wie gefällt deinen Freunden die Liste? Haben sie noch andere Vorschläge? Würden sie eins der Lieder austauschen, und wenn ja, warum?

✔ ABENTEUER BESTANDEN!

Das hier ist meine Playlist:

Bewertung des Abenteuers:
(Vergib Noten von 1 bis 10)

Spannung:..........
Originalität: ....
Schwierigkeitsgrad: ...
Lernfaktor:..........
Spaß:.............

 **Was wirst du in
Erinnerung behalten?**

All die Melodien, die dich tief berühren, dich beschwingen und dir
Energie verleihen.

 Buchtipp: *Wie ich zum besten Schlagzeuger der Welt wurde –
und warum* von Jordan Sonnenblick

EIN THEATERSTÜCK PLANEN UND AUFFÜHREN

Wie würde es sich anfühlen, der König von Schottland zu sein? Wie würdest du dich verhalten, wenn du Apollo, der Sohn des Zeus, wärst? Wie würdest du dich bewegen, wenn du extrem dick und schwer wärst oder klein wie ein Zwerg? Und wenn du kein Mensch wärst, sondern ein Drache? Ein Riese? Ein Vogel?

Im Theater findest du darauf Antworten, und zwar im Rahmen einer gespielten Geschichte.

Deshalb sollst du ein Theaterstück aufführen! Es kann von einer einzigen Figur gespielt werden – dann ist es ein Monolog –, oder du holst deine Freunde dazu, um eine komplexere Geschichte darzustellen, was vielleicht noch mehr Spaß macht.

Die Handlung kannst du dir selbst ausdenken (damit führst du das Abenteuer Nr. 39 weiter), oder du spielst die Erlebnisse einer Person nach, die wirklich gelebt hat (hier kannst du Abenteuer Nr. 33 weiterführen). Du kannst auch die Geschichte eines Buches verwenden, das dir gut gefallen hat.

Vor der Aufführung musst du einiges erledigen:
- ein Regiebuch verfassen, in dem du aufschreibst, was auf der Bühne passiert und was jede Figur zu sagen hat, und zwar Satz für Satz
- Kostüme vorbereiten (für jede Person eins überlegen, beschaffen oder anpassen)
- Kulissen malen (besorge dir ein großes Stück Pappe oder ein altes Laken, worauf du den Hintergrund der Geschichte malen kannst: ein Schloss, wenn es sich um ein Ritterabenteuer

handelt; ein Wald, wenn es ein Märchen mit Feen und Zwergen ist, usw.)
- Begleitmusik auswählen
- den Text auswendig lernen
- einen Ort zum Proben finden
- und nach all diesen Vorbereitungen: die Aufführung organisieren – einen Veranstaltungsort suchen; Stühle und Kissen für die Zuschauer besorgen; die Kulissen auf der Bühne aufstellen (die Pappe befestigen oder das Laken aufhängen); jemanden anheuern, der im richtigen Moment die Musik anschaltet.

Wenn du dich anstrengst, wirst du dein Publikum begeistern können. Und spätestens wenn du den Applaus hörst, bist du ebenfalls begeistert!

 **ABENTEUER BESTANDEN!**

Titel des Theaterstücks
und alle Schauspieler:

 Bewertung des Abenteuers:
(Vergib Noten von 1 bis 10)

Spannung:. . . . .

Originalität: . . . .

Schwierigkeitsgrad: . . .

Lernfaktor:. . . . .

Spaß:. . . . .

 Was wirst du in
Erinnerung behalten?

Die unendlichen Proben; die Textzeile, die du während der Aufführung vergessen hast; die Anspannung, die verständnisvollen und bangen Blicke der anderen Schauspieler, dann der tosende Applaus am Ende des Stücks.

 Buchtipp: *Hilfe, die Herdmanns kommen* von Barbara Robinson

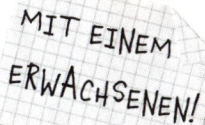

BROT BACKEN (UND ESSEN)

Heute bist du in der Küche gefragt.

Hast du schon einmal etwas zu essen zubereitet? Nein, einen Apfel schälen gehört nicht dazu. Ein Sandwich zu machen schon eher. Manche halten das sogar für eine große Kunst.

Warum also nicht einmal ein Brot backen? Es macht Spaß, ist ganz einfach und etwas Wesentliches. Schließlich wird Brot bei uns fast jeden Tag gegessen, und schon die alten Griechen glaubten, dass es

eine Speise der Götter sei. Auch die Römer hielten es für unentbehrlich. Sie erfanden sogar ein Wort für alles, was man mit Brot zusammen essen konnte: cumpanaticum – das heißt »mit Brot«.

Das Rezept

Du brauchst folgende Zutaten:

- 300 ml Wasser
- 12 g frische Hefe (Du kannst stattdessen auch 12 g Trockenhefe nehmen.)
- 500 g Weizenmehl Typ 405

- 50 ml Olivenöl
- 10 g Salz
- eine Prise Zucker

Löse die Hefe zusammen mit 50 ml lauwarmem Wasser in einem Schälchen auf und füge eine Prise Zucker hinzu. Wenn die Hefe frisch ist, wird sie sich verändern und einen hellen Schaum bilden.

Siebe das Mehl auf eine Arbeitsfläche und häufe es zu einem Berg auf, wobei du in der Mitte ein Loch lässt wie bei einem Vulkan.

Gieße die aufgelöste Hefe in das Loch und verschließe es mit etwas Mehl.

Vermische das restliche Wasser mit dem Öl und dem Salz und gieße alles auf den Mehlberg.

Jetzt kommt der schwierigste Teil: das Kneten.

Bearbeite den Teig mit großen, kräftigen Bewegungen. Drücke, knete, ziehe und drehe ihn – und das alles etwa zehn Minuten lang, bis der Teig kompakt und elastisch wird und nicht mehr klebt. Wenn er trotzdem noch festklebt, mehle dir die Hände ein und knete noch etwas weiter.

Jetzt muss der Teig aufgehen. Lege ihn dafür in eine große Schüssel, bedecke sie mit Frischhaltefolie und lasse das Ganze ein paar Stunden lang an einem warmen Ort stehen.

Wenn der Teig seine Größe verdoppelt hat, gib ihn auf ein Backblech, das du mit Backpapier ausgelegt hast. Jetzt kannst du deinem Brotlaib die gewünschte Form geben: zum Beispiel eine runde Form mit einem Kreuz in der Mitte (das du mit einem Messer hineinritzt) oder eine längliche Form wie bei einem Baguette.

Lass den Teig noch eine weitere Stunde stehen, dann wird er noch größer.

Jetzt heizt du den Backofen auf 200 Grad vor, schiebst das Blech mit dem Laib hinein und backst ihn etwa eine Dreiviertelstunde lang, bis sich die Kruste golden färbt. Hole dann das Brot aus dem Ofen.

Guten Appetit!

✔ ABENTEUER BESTANDEN!

 Bewertung des Abenteuers: (Vergib Noten von 1 bis 10)

Spannung:..........
Originalität: ....
Schwierigkeitsgrad: ...
Lernfaktor:..........
Spaß:.............

 Was wirst du in Erinnerung behalten?

Die teigverklebten Hände; wie die Masse allmählich Form annimmt; den verführerischen, warmen Duft aus dem Ofen. Und den tollen Gedanken beim ersten Bissen: Dieses Brot hast du selbst gebacken!

 Buchtipp: *Die Glücksbäckerei* von Kathryn Littlewood

MIT SAND BAUEN

Die Natur bietet wunderbares Baumaterial. Sand findest du an Stränden und manchen Baggerseen oder auf Spielplätzen, und bei diesem Abenteuer brauchst du den Sand für zwei verschiedene Aufgaben.

Eine Sandburg bauen

Mit Eimer und Schaufel geht es zwar einfacher, aber eigentlich benötigst du nur deine Hände und deine Fantasie für eine ansehnliche Burg. Errichte nicht nur die Mauern, auch Türme mit Zinnen kannst du mit feinem Sand und Wasser hinkriegen, dazu eine Zugbrücke (aus einem Stück Holz oder Rinde) und Schießscharten.

Ein Sandbad nehmen

Hebe im Sand eine Mulde aus, die groß genug für dich ist. Lege dich

Oder du lässt dir von jemandem helfen, der auch deine Arme zuschüttet. Jetzt kannst du genüsslich entspannen! Im Sommer wird der Sand dabei zu einer Art Wärmedecke. Wenn du dich schön ausgeruht hast, tauche langsam wieder auf – wie ein Zombie.

Du kannst natürlich auch einen Freund einbuddeln.

hinein und decke dich mit Sand zu, bis nur noch dein Kopf und deine Arme herausschauen (die du vor der Sonne schützen solltest).

ABENTEUER BESTANDEN!

 Bewertung des Abenteuers:
(Vergib Noten von 1 bis 10)

Spannung:. . . . .
Originalität: . . . .
Schwierigkeitsgrad: . . .
Lernfaktor: . . . .
Spaß:. . . . .

 Was wirst du in Erinnerung behalten?

Das Kribbeln des Sands am ganzen Körper; die Erfrischung beim Eintauchen ins Meer, wo du alle Körnchen abspülst – um dich anschließend wieder einzusanden; deine unbezwingbare Burgfestung ... und wie sie schließlich von der Flut fortgespült wird.

 Buchtipp: *Fünf Kinder und zehn Wünsche* von Edith Nesbit

MIT MURMELN UM DIE WETTE SCHIESSEN

In manchen Schreibwarenläden, Kiosks und Spielzeuggeschäften kann man Murmeln kaufen, die sich fürs Wettschießen im Sand oder auf flachen Unterlagen eignen – große oder kleinere Murmeln aus Glas, die man mit dem Finger vorwärtsschnippen kann.

Und wie macht man die Murmelbahn? Am besten setzt sich der Leichteste von euch in den Sand, und du fasst ihn an den Knöcheln und ziehst ihn mit dem Po durch den Sand, sodass er eine Acht als Spur hinterlässt. Ihr spielt abwechselnd und müsst versuchen, euch gegenseitig zu überholen. Jeder, der an der Reihe ist, darf seine Murmel nur mit einem einzigen Fingerstoß voranbringen. Wer in Führung liegt, darf zuerst schießen, danach alle anderen. Wenn eine Murmel aus der Bahn fliegt, wird sie an die Stelle zurückgesetzt, von der aus sie losgeschossen wurde. Sieger ist, wer zuerst die vorgegebene Strecke durchlaufen hat (die bei Gleichstand noch um ein Stück verlängert wird).

 # ABENTEUER BESTANDEN!

 Bewertung des Abenteuers:
(Vergib Noten von 1 bis 10)

 Was wirst du in
Erinnerung behalten?

Spannung:. . . . .

Originalität: . . . .

Schwierigkeitsgrad: . . .

Lernfaktor: . . . .

Spaß:. . . . .

Den Sand unter den Nägeln (oder in der Badehose, falls du die Spur ziehen musstest); die Freudenschreie deiner Mitspieler bei gelungenen Schüssen; die Lust, immer weiterzuspielen!

 Buchtipp: *Jeremy James oder Im Sand, am Strand und anderswo* von David Henry Wilson

MIT VERBUNDENEN AUGEN DEINE UMGEBUNG ERKUNDEN

Kennst du den Ort, an dem du lebst, wirklich gut? Schließe deine Augen und stelle dir eine bestimmte Straße deiner Stadt oder deines Dorfes vor, irgendeine. Kannst du die Geschäfte, die parkenden Autos, die Bäume am Straßenrand vor dir sehen?

Gehe jetzt in deiner Vorstellung los und folge einer bestimmten Strecke, zum Beispiel deinem Schulweg oder dem Weg zum Sportverein. Erinnerst du dich an jede Straßenbiegung, jede Kreuzung?

Jetzt wird's noch schwieriger: Kannst du dir die Geräusche vorstellen? Den Verkehr, die sich unterhaltenden Passanten, ferne Züge oder Fabriken? Und die Gerüche?

Die meisten können sich erinnern, wie die Orte aussehen, an denen sie schon gewesen sind, aber Geräusche und andere Sinneswahrnehmungen verschwinden schnell aus dem Gedächtnis.

Bei diesem Abenteuer sollst du deine Umgebung mal auf eine andere Weise kennenlernen. Bist du bereit?

Verabrede dich mit einem Freund, dem du richtig gut vertraust. Bevor du aus dem Haus gehst, verbinde deine Augen mit einem dunklen Tuch. (Auch eine Schlafbrille oder zwei Piraten-Augenklappen sind möglich.) Dein Freund oder deine Freundin fasst dich fest am Arm und lenkt deine Schritte, damit du nicht in einem Brunnen oder unter einer Straßenbahn landest. Er oder sie entscheidet, wohin ihr geht – ob es eine vertraute Strecke ist oder eine Gegend, die er oder sie selbst nicht gut kennt.

Du kannst zwar nichts sehen, aber du kannst hören, die Temperatur um dich herum wahrnehmen, die Luftveränderungen, die Gerüche. All deine Sinne sind geschärft. Konzentriere dich: Erkennst du die Orte wieder? Ist dir vorher jemals aufgefallen, wie viele Dinge uns umgeben, die wir gar nicht wahrnehmen, weil sie uns selbstverständlich geworden sind?

 **ABENTEUER BESTANDEN!**

Schreibe hier deine Gefühle und Eindrücke während dieses Abenteuers auf.

Bewertung des Abenteuers:
(Vergib Noten von 1 bis 10)

 **Was wirst du in
Erinnerung behalten?**

Spannung:..........

Originalität: ....

Schwierigkeitsgrad: ...

Lernfaktor:..........

Spaß:.............

Ganz neue Entdeckungen an Orten,
von denen du dachtest, du würdest sie längst kennen.

 Buchtipp: *Louis Braille. Ein blinder Junge erfindet die
Blindenschrift* von Jakob Streit

EIN SPIELZEUG AUSEINANDERNEHMEN UND WIEDER ZUSAMMENSETZEN

Es gibt viele Gegenstände, die rätselhafte Mechanismen in sich tragen, die man von außen nicht erkennen kann. Ingenieure verdienen ihr Geld damit, Handys, Stereoanlagen, Spielkonsolen, aber auch Actionfiguren und alle möglichen Spielsachen zu entwerfen. Du hast dich sicher schon gefragt, wie sie funktionieren und was sich in ihrem Innern verbirgt. Das ist gut! Neugier ist nämlich die beste Voraussetzung für künftige Abenteurer und Entdecker.

Suche eines deiner Spielzeuge aus, das dir besonders interessant erscheint, hole dir ein paar Schraubenzieher und nimm es auseinander. Von elektronischen Geräten würden wir dir eher abraten – die könnten gefährliche Stoffe enthalten, weshalb du sie nur mit einem Erwachsenen zusammen aufschrauben solltest. Besser eignen sich mechanische Dinge, die Hebel und Zahnräder besitzen. Früher waren die meisten Spielzeuge so gebaut. Zum Beispiel konnte man eine kleine Blecheisenbahn mit einem Schlüssel aufziehen, und dann sauste sie davon und landete unter dem Sessel des Großvaters. In so einer Eisenbahn

befanden sich lauter kleine Räderwerke, Hebel und Federn, die einen staunen ließen, wenn man hineinschaute.

Was möchtest du auseinandernehmen? Und vor allem: Kriegst du es hin, es wieder zusammenzubauen?

 ## ABENTEUER BESTANDEN!

 Bewertung des Abenteuers: (Vergib Noten von 1 bis 10)

Spannung: . . . .

Originalität: . . . .

Schwierigkeitsgrad: . . .

Lernfaktor: . . . .

Spaß: . . . .

 Was wirst du in Erinnerung behalten?

Deine Verblüffung, ganz unerwartet winzige Dinge zu finden. Die Freude darüber, dass Auseinandernehmen und Zusammenbauen ebenso schön ist wie Spielen.

 Buchtipp: *Die Entdeckung des Hugo Cabret* von Brian Selznick

EINE WUNSCHLISTE SCHREIBEN

Diese Aufgabe ist etwas ganz Besonderes — sie ist möglicherweise nicht leicht zu erfüllen, aber wunderschön.

Erstelle eine Liste mit zehn Wünschen — Dinge, die du dir selbst erträumst oder den Menschen wünschst, die du besonders gernhast. Hast du zum Beispiel schon immer davon geträumt, einmal mit einem Flugzeug zu fliegen? Dann ist das dein erster Wunsch. Deine Eltern würden gerne für eine Weile auf eine einsame Insel verschwinden? Das wird dein zweiter. Wünschst du dir, dass deine besten Freunde für immer in deiner Nähe bleiben? Dann kommt das als Drittes auf deine Liste. Wünschst du dir einen Hund? Und so weiter. Zu diesem Abenteuer gehört, dass du dir drei Wünsche auf deiner Liste bereits jetzt erfüllst! Und um die restlichen kümmerst du dich in den kommenden Jahren. Dabei wirst du feststellen, dass es gar nicht so schwer ist, die wichtigen Dinge im Leben anzupacken.

✔️ ABENTEUER BESTANDEN!

Wunschliste

1.

2.

3.

4.

5.

6.

7.

8.

9.

10.

Bewertung des Abenteuers: (Vergib Noten von 1 bis 10)

 Was wirst du in Erinnerung behalten?

Spannung:..........

Originalität: ....

Schwierigkeitsgrad: ...

Lernfaktor:..........

Spaß:.............

Das weißt nur du!

 Buchtipp: *Stargirl* von Jerry Spinelli

EINEN SCHATZ VERSTECKEN

Abenteurer entdecken immer irgendwelche Schätze. Aber nie fragt jemand danach, wer sie eigentlich versteckt hat!

Bei diesem letzten Abenteuer sollst du selbst einen Schatz zusammenstellen, ihn verstecken und eine geheime Schatzkarte zeichnen, mit deren Hilfe ihn jemand nach einer gewissen Zeit wiederfinden kann.

Zuerst musst du entscheiden, welchen Schatz du verstecken willst.

Es sollten Dinge sein, die für dich vielleicht eine besondere Bedeutung haben. Das kann ein Päckchen Sammelbilder sein, dein Murmelsäckchen oder ein alter Kamm. Am besten eine kleine Auswahl von Gegenständen. Wie wäre es mit einem Freundschaftsbuch, in dem du Einträge und Unterschriften deiner besten Freunde sammelst? Wenn du alle Abenteuer bewältigt hast, könntest du auch dieses Buch als Schatz verstecken.

Vielleicht findest du es selbst ja nach vielen Jahren wieder.

Wenn du deine Kostbarkeiten zusammengestellt hast, musst du dir eine Schatzkiste beschaffen. Vielleicht ein Kästchen aus Zinn, das rostet nicht. Du kannst aber auch einen Behälter aus Plastik oder Glas nehmen, wie man sie fürs Aufbewahren von Lebensmitteln oder Getränken verwendet.

Diese kleine Kiste wird deine Zeitkapsel sein: etwas, das lange Jahre nicht geöffnet wird und dich, wenn du es wiederentdeckst, in die Zeit von früher zurückkatapultiert. Als Nächstes musst du einen magischen Ort finden: die Stelle, der du deinen Erinnerungsschatz anvertrauen willst. Das kann eine geheime Felsspalte sein oder ein Loch im Garten, ein verborgenes Eckchen im Hof deiner Großeltern, in der Garage oder auf dem Dachboden.

Falls nötig, grabe ein tiefes Loch, lege dein Kästchen hinein, decke alles gut mit Erde zu und klopfe sie fest.

Anschließend zeichnest du die Schatzkarte. Trage wichtige Anhaltspunkte und Hinweise darin ein, die dabei helfen sollen, den Schatz zu finden. Die Karte sollte für dich selbst möglichst verständlich sein, aber nicht unbedingt für andere. Jetzt verstecke die Karte gut, zum Beispiel in deinem Zimmer. Du kannst sie aber auch an einen Freund schicken. Hüte sie viele Jahre lang. Zehn Jahre, zwanzig …

Wenn der Zeitpunkt gekommen ist, auf Schatzsuche zu gehen, wird es für dich ein echter, kostbarer Schatz sein!

ABENTEUER BESTANDEN!

 Bewertung des Abenteuers:
(Vergib Noten von 1 bis 10)

Spannung:. . . . .
Originalität: . . . .
Schwierigkeitsgrad: . . .
Lernfaktor: . . . .
Spaß:. . . . .

 Was wirst du in
Erinnerung behalten?

Deine Erkundungstouren auf der Suche nach dem perfekten Versteck; das streng Geheime dieser ganzen Aktion; die sorgfältige Auswahl der Schatzgegenstände und der Stelle, wo sie (wenn alles gut geht) einst gefunden werden.

 Buchtipp: *Löcher* von Louis Sachar

Anhang

Dafür braucht es ein von allen akzeptiertes Zufallsverfahren.
Welches Verfahren das richtige ist, hängt davon ab, wie viele beim Auslosen mitmachen.

Das Auslosen

Du befindest dich auf einem Forschungsschiff. Aus den Tiefen des Ozeans taucht ein Riesenkrake auf und greift das Schiff an. Ein paar Mannschaftsmitglieder müssen ausgewählt werden, die, mit Harpunen bewaffnet, das Schiff verteidigen sollen. Der Kapitän zieht seine struppigen Augenbrauen zusammen und fixiert dich mit seinen finsteren Augen.

»Du da«, sagt er mit einer Grabesstimme, die dir durch Mark und Bein geht. »Sag mir, wie wir die Freiwilligen auslosen!«

Viele Kinder haben das gleiche Problem wie dieser Kapitän, egal ob beim Fußball-, Minigolf- oder Tennisspielen. Es muss eine Entscheidung darüber fallen, wer anfängt, wer als Erster den Ball bekommt, wer den Aufschlag hat oder wer die Feldhälfte wählt.

Zwei Teilnehmer

Wenn ihr nur zu zweit seid, ist »Tip-top« die einfachste Methode. Ihr geht beide auf einer gedachten Linie aufeinander zu, indem ihr abwechselnd einen Fuß vor den anderen setzt. Bei jedem Schritt (einer sagt »tip«, der andere »top«) muss die Ferse genau vor die Zehenspitze des vorigen Fußes gesetzt werden. Dabei kommt ihr euch immer näher. Wer es schafft, seinen Fuß in die letzte Lücke zu setzen, hat gewonnen und darf zum Beispiel die Mannschaft auswählen. Passt beim letzten Schritt nur der halbe Fuß hinein, hat der andere gewonnen.

Wenn ihr eine Münze dabeihabt, könnt ihr auch »Kopf oder Zahl« spielen. Jeder muss sich vorher für eine Seite der Münze (das Bild oder die Zahl) entscheiden. Dann wirft einer die Münze hoch, sodass sie durch die Luft wirbelt, fängt sie wieder auf und klatscht sie auf den Rücken seiner Hand. Was zeigt die Münze?

Diese Methode verwendeten schon die alten Römer, und sie ist auf der ganzen Welt bekannt. Die Engländer nennen sie »Kopf oder Kehrseite«, die Italiener »Kopf oder Kreuz«, die Iren ganz romantisch »Kopf oder Harfe«, während man in Mexiko, wo einst die Maya und Azteken lebten, »Adler oder Sonne« sagt. Die alten Griechen, die sich mehr für Philosophie als für Gelddinge interessierten, nahmen eine Muschel, deren eine Seite sie schwarz angemalt hatten, und nannten die Methode »Tag oder Nacht«.

Drei oder mehr Teilnehmer

Ihr seid zu fünft und nur einer von euch soll für etwas ausgewählt werden? Besorgt euch genauso viele Grashalme, wie ihr Spieler seid, oder dicke Stängel von irgendeinem Unkraut. Sie müssen alle gleich lang sein, bis auf einen, der deutlich kürzer als die anderen ist. Halte die Stängel so in der Faust, dass alle gleich lang herausragen und man nicht sieht, welcher der kürzere ist. Jetzt muss jeder deiner Freunde einen der Stängel herausziehen. Wer den kurzen zieht, ist der Auserwählte.

Falls ihr nicht draußen in der Natur seid, könnt ihr stattdessen auch Streichhölzer nehmen. Bei einem wird das Köpfchen abgebrochen. Dann nimmst du die Hölzchen so in die Faust, dass man die Köpfe nicht sieht. Wer das Streichholz ohne Kopf zieht, ist der Auserkorene.

Auch Würfel und Karten eignen sich zum Auslosen. Dann geht es darum, wer die höchste Augenzahl würfelt. Bei Gleichstand wird neu gewürfelt. Das Gleiche gilt für Spielkarten: Wer die höchste zieht, gewinnt. (Das Ass zählt hierbei nur als ein Punkt.)

Regeln beim Spielen

Sobald du dich in einer Gemeinschaft mit anderen Menschen befindest, musst du dich an bestimmte Regeln halten. Man sollte ehrlich und fair miteinander umgehen und gegebene Versprechen einhalten. Wenn einer, nur um zu gewinnen, mogelt und die Regeln »vergisst« oder verändert, wird keiner mehr Lust haben, mit ihm zusammen zu spielen.

Verhalte dich also ein wenig wie ein Ritter aus alten Zeiten: Mit ihren kriegerischen Rüstungen waren sie wie Panzer auf Pferden. Aber sie konnten nicht nur mit dem Schwert umgehen, sondern auch mit der Laute.

Bei ihren Freunden waren sie beliebt für ihre Großzügigkeit und ihr Ehrgefühl.

Ihre Feinde fürchteten sie wegen ihrer Härte und Gefährlichkeit.

Beim Spielen sollten alle Beteiligten sich wie Ritter verhalten: Alle sollten mit Feuereifer kämpfen und zugleich die Regeln respektieren. Sonst macht das Ganze keinen Spaß. Außerdem sind es die Stärksten und Fähigsten, die ohne fiese Tricks siegen.

Spielstopp

Bei einem Fußballspiel pfeift der Schiedsrichter mit einer Trillerpfeife, um sich Gehör zu verschaffen und das Spiel zu unterbrechen.

Wenn man bei anderen Spielen eine Aktion abbrechen will, ruft man am besten ein Wort, das fast überall verstanden wird – »STOPP!«. Jeder hat das Recht, es zu rufen. Stell dir zum Beispiel vor, ihr spielt gerade das gefährlichste Versteckspiel der Welt, mitten in einem tropischen Urwald unter Killeraffen, giftigen Spinnen und mörderischen Boas. Und stell dir vor, einer deiner Freunde rutscht im Schotter aus und schürft sich das Knie auf. Dann ist es wichtig, das Spiel sofort zu unterbrechen, um demjenigen zu helfen, der sich wehgetan hat.

Wann immer es ist und was auch immer ihr gerade tut – sobald du hörst, dass jemand »STOPP!« ruft, unterbrich dein Spiel und schau nach, was passiert ist.

Strafen

Früher oder später verliert jeder einmal ein Spiel, und wenn man lernt, sich deswegen nicht aufzuregen und stattdessen sogar darüber zu lachen, kennt man eines der Geheimnisse, wie Spielen wirklich Spaß macht. Genauso verhält es sich bei den »Strafen«, die der Verlierer ausführen muss. Hier geht es nicht darum, die Gruppe in »Sieger« und »Verlierer« zu spalten, sondern um etwas, über das man gemeinsam lachen kann – im Bewusstsein, dass die Verlierer von heute die Sieger von

morgen sein können, und umgekehrt.

So eine Strafe kann eine Gefälligkeit sein (zum Beispiel könnte der Verlierer sein Pausenbrot mit allen teilen) oder etwas richtig Albernes. Hier kommen als Anregung ein paar Beispiele:

1. Die Statue: Die Verlierer müssen 90 Sekunden lang starr wie ein Stein stehen bleiben, ohne einen Mucks zu sagen oder auch nur mit der Wimper zu zucken. Der Anführer der Siegergruppe bestimmt die genaue Körperhaltung und stoppt die Zeit.

2. Einen Hahn nachahmen, der auf eine Bank hopst.

3. Auf einem Bein im Slalom um die anderen Mitspieler herumhüpfen.

4. Sich den Mund mit Keksen vollstopfen und gleichzeitig ein Lied singen.

5. Sich von einem Freund, der die Augen verbunden hat, das Gesicht schminken lassen (mit einem Lippenstift deiner Mutter oder Ähnlichem).

6. Ballett vortanzen, während die anderen dazu singen.

7. Mit auf dem Rücken verschränkten Händen ein Taschentuch mit dem Mund vom Boden aufheben.

8. Die Namen der Sieger rückwärts aufsagen (z.B. OEL, AMME, IRUJ, ANIN) und bei einem Fehler noch mal neu beginnen.

9. Wie auf einem Laufsteg schreiten und dieses Buch dabei auf dem Kopf balancieren.

10. Mit einer Salzstange oder einem dünnen Zweig im Mund ein Gedicht aufsagen.

Es kann sich auch jeder Beteiligte eine Strafe überlegen und sie auf einen Zettel schreiben. Dann wird am Ende des Spiels einer der Zettel aus dem Haufen gezogen.

In Italien gibt es noch eine weitere beliebte Strafaktion: »Sagen, tun, küssen, Brief oder Testament«:

Der Pechvogel, der verloren hat, darf sich eine der Kategorien aussuchen, und dann bestimmen die anderen, was er tun muss.

Zum Beispiel:

1. Sagen: Das Alphabet von Z an rückwärts aufsagen – bei einem Fehler wieder von vorn beginnen.

2. Tun: Ein schrecklich lautes Wolfsgeheul ausstoßen.

3. Küssen: Einen Mitspieler küssen, der oder die von den anderen ausgewählt wird.

4. Brief: Einer schreibt mit dem Finger etwas auf den Rücken des Verlierers, das dieser erraten muss.

5. Testament (am riskantesten!): Die Spieler fragen den Verlierer: »Wie viele möchtest du erhalten?«, und der Pechvogel muss eine Zahl von 1 bis 10 nennen. Was er erhält, kann alles Mögliche sein: Klapse auf den Rücken oder Küsse, Wasserspritzer oder Streicheleinheiten.

Gewaltvolle oder besonders gemeine Strafen sind natürlich fehl am Platz. Nicht nur weil es schließlich jeden erwischen kann, sondern weil es bei der ganzen Sache ja bloß darum geht, eine schöne Zeit und viel Spaß zusammen zu haben. Alles andere gehört nicht ins Spiel.

Zum Schluss

Das Wort »Abenteuer« kommt vom lateinischen »ad ventura« und bedeutet: »was sich ereignen wird«. Wir wissen nicht, was sich ereignen wird, nachdem du die 50 Abenteuer erlebt hast, die wir dir in diesem Buch vorgeschlagen haben – das musst du selbst herausfinden. Fühlst du dich jetzt anders als vorher? Bist du noch der oder die Gleiche? Genau gleich, oder hat sich etwas verändert? Hat es dir Spaß gemacht, und wenn ja, hast du womöglich Lust auf neue Abenteuer?

Das würde uns freuen!

Am schönsten wäre es, wenn du, nachdem du dieses Buch zugeklappt hast, ein anderes öffnen würdest und vielleicht durch die neue Lektüre weitere 50 Abenteuer entdeckst. Und dann noch mal 50 und so weiter, immer auf der Suche nach neuen Herausforderungen, unverhofften Erlebnissen und Hindernissen, die es zu überwinden gilt, voller Mut und Entschlossenheit.
Und falls dir die vorgeschlagenen Abenteuer nicht gefallen haben, dann würden wir uns wünschen, dass du dir andere suchst, vielleicht sogar selbst ausdenkst und aufschreibst. Schicke sie uns! Dann stellen wir sie noch anderen Abenteurern wie dir vor. Du kannst uns über die Mailadresse des Verlags schreiben: junior@dtv.de.

»Abenteurer« ist ein ulkiges Wort. Wenn du in einem alten Wörterbuch nachschlägst, findest du vielleicht eine ähnliche Beschreibung wie die, die wir gefunden haben:

»Abenteurer sind unstete und rastlose Individuen, oftmals mit mehr oder weniger ausgeprägtem kriminellem Charakter, gepaart mit einer ungewöhnlichen Fantasie, die bisweilen an Genialität grenzt. Sie sind unermüdliche Weltenbummler, tollkühne Haudegen, in Ränken und Schlichen äußerst bewandert, galant und geschickt und ziehen sich bereitwillig die Mönchskutte über, um bei nächster Gelegenheit unwillkürlich die Religion zu wechseln – und fast alle haben ein interessantes Leben geführt.«

Damit sind wir völlig einverstanden – vor allem was die Fantasie betrifft –, außer mit dem Kriminellen und dem ständigen Gesinnungswandel. Für uns ist der wahre Abenteurer einer, der seinen Idealen, seinen Träumen und Visionen folgt. Vor vielen Jahren hat ein Schriftsteller namens Victor Hugo gesagt: »Wir sind die Abenteurer unserer Ideen.« Und jetzt bist du dran!

Wir wünschen dir Mut und Feuereifer, sei es auf der Flucht vor Wölfen oder im Kampf gegen Drachen. Wir wünschen dir, dass du kaum zum Lesen kommst, weil du so damit beschäftigt bist, an einer riesigen Festung zu bauen, fleischfressende Pflanzen zu züchten oder die Eismeere des Nordpols zu erforschen.
Aber was immer du auch tust – ob du rennst, etwas reparierst, ob du kletterst oder dich versteckst, malst, schreibst, nachdenkst, erfindest oder faulenzt –, sei fröhlich dabei, denn nur darum geht es, wenn man das Abenteuer sucht.

Dann kannst du Neues entdecken und Unerwartetes erleben. Etwas, das nur dir allein gehört.

Notizen, Zeichnungen und Gekritzel

Notizen, Zeichnungen und Gekritzel

Notizen, zeichnungen und gekritzel